斉藤謠子の
いま持ちたい
キルトバッグ

NHK出版

はじめに

　私は子どものころから手芸が大好きで、いつも自分ひとりで手作りすることが楽しくて、たくさんの時間を過ごしてきました。最近では講習会のために、外国へ行く機会が増えています。世界各国のキルト作家と出会うことが、いまの私の活動の楽しみの一つでもあります。

　その中でいちばんよく訪れる国が台湾です。台湾では多くの方々がキルトを楽しんでおられ、ワークショップを開くとその情熱には圧倒されるほどです。

　本書はその台湾の出版社からの依頼で作らせていただいた作品集です。

　タペストリーやインテリア小物など、キルトならではの作品もよいものですが、せっかく手をかけて作ったキルトですから、バッグとして持ち歩けることも魅力です。キルトのバッグはおしゃれを楽しめる大切なアイテムでもあるのです。

　バッグは私にとっても大変好きな分野で、自分が好きな色、自分で考えたデザイン、使いやすさを考えたアイデアを盛り込むことは、とてもわくわくする楽しい作業でした。とてもいい作品ができましたので、日本の読者の方々にもお届けすることにいたしました。

　この本がみなさんの参考になり、バッグ作りのお役にたてれば、とてもうれしく思います。

斉藤謠子

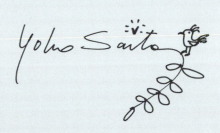

本書が生まれるまで
―躍る心、すてきな出会い―

　斉藤先生とはずいぶん昔からご縁があるように思われます。
　先生が出版されたキルトの書籍は世界中のキルト愛好家から愛されていて、多くの言語に翻訳されています。しかし、本書は先生が初めて外国の出版社からの要請を受けて台湾の読者のために特別に作られたキルトバッグの作品集です。このような本が出版できて大変光栄です。

　ある日先生と話をしているとき、私はなぜか大胆にも、本を作る構想を先生に提案していました。話し出したら、はやる気持ちを抑えきれず、失礼をとがめられることよりも断られることのほうが心配でした。けれども先生があっさりとひと言でご快諾くださり、私は小躍りしたくなるほどうれしくなりました。先生の「お任せするわ、がんばって！」ということばに、私は「このプロジェクトは絶対にやりとげなければならない」と心に誓ったのです。

　編集部に戻り、すぐに台湾のキルト市場の現状に基づいて企画を立ち上げました。何度もメールや手紙で話し合い、修正してとうとう形にできましたが、斉藤先生のスケジュールはいっぱいで、本当に多忙でしたが、私たちの求めにいつもすぐに応じてくださいました。たび重なるメールのやりとりと訪日のたびに、先生はいつも熱心に私たちの考えに耳を傾け、自ら一つずつのバッグの展開図を描き、それらの作り方やデザインのポイントを指摘してくださいました。また私たちの意見を必ず聞いてくださり、そのとても謙虚でやさしい姿にますます先生に対する尊敬の念は強くなっていきました。

　私たちが日本に赴き先生のアトリエで製作現場の撮影に行ったときのことです。先生はすでに準備万端整えてくださっていて、撮影のためのこまやかな心遣いは本当にすばらしく、工程を詳しく説明し、一つ一つご自身で手本を示してくれま

した。当初の企画にはない提案にも楽しそうにご協力いただき、キルト創作を重んじるプロとしての心意気を感じました。

　本書の編集にあたっては、作品の口絵撮影ひとつにも頭を悩ませ、思いを巡らせました。どのようにしたら台湾ならではの空気、風や日ざしを感じてもらえるか、また作品のそれぞれの美しさを表現できるだろうか？ 心を込めて作り上げたこの本の世界と内容が、キルト愛好家のみなさんの期待に応え、気に入ってもらえたら、どんなにうれしいことでしょう。編集の段階ではいつも時間と労力がかかるものですが、一つ一つこなしていけば、誠意のこもったものになるのです。すべて読者に先生の作品のすばらしさを伝えたい一心でやりとげることができました。先生の精緻な技術とアイディア満載の作品にふれ、そこからみなさんの新たな作品作りの一助となることを願ってやみません。この本がみなさんに喜んでもらえますように心から願っています。

　斉藤先生が私たち雅書堂の編集スタッフ一同に寄せてくださった信頼と励ましに心より感謝したいと思います。そしてこの次は、さらにすてきな本を一緒に作っていただきたいと思います。

雅書堂　編集長　蔡麗玲

Eliza Tsai

斉藤謠子のキルトバッグ
Q & A

台湾・梅花湖にて。

「スクエア ダンス」

Q 本書に収載する26のキルトバッグの中で、いちばんお好きなのは？ その理由は？

A もちろんどれも大好きです！ でも、その中でも気に入っているのは、「スクエア ダンス」です。シンプルな柄と実用的な形がいいですね。

Q キルトでバッグを作るのと一枚布で作るのとではどんなところが違いますか？

A 一枚布のバッグに比べてキルトは圧倒的に長い時間がかかります。バッグの形に縫い上げるだけでなく、ピースを細かく縫い合わせるので、手間も根気も必要です。でもその分、出来上がったときの喜びは大きいと思います。

Q キルトバッグのデザインはどんなところからインスピレーションがわくのですか？

A 新しい作品をデザインするときは毎回悩みに悩みます。外出したときも人の持ち物などを観察して、そこからインスピレーションが得られる場合もあります。

Q とくに好きなモチーフはありますか？

A とくにこだわって作り続けるモチーフというものはありません。旅した土地の風景、博物館の展示、街で見かけたものなどにインスピレーションを受けて作品に取り込むことが多いです。

Q 先生の作品には花がよく使われていますが、とくに好きな花はありますか？

A 実は、花よりも実のほうが好きです。でも具体的な植物をそのままモチーフにするわけではないのです。

Q キルト初心者にアドバイスするとしたら？

A この本でお見せしているものは、ひとつの例です。できるかぎり、自分の好きなようにキルトの配色を替えて、ご自分なりの作風になるように作ってみてください。そうすると、もっと楽しく作れるようになります。

Q 読者へひと言お願いします。

A 初心者へのアドバイスとも重なってしまいますが、本当に心からみなさんに望むのは、この本を参考にすると同時に、なるべくご自身のスタイルを作っていってほしいということです。そしてもっとステキなキルトバッグをどんどん作ってくださいね。

もくじ

はじめに ──────────────── 2
本書が生まれるまで ―躍る心、すてきな出会い― ──── 4
斉藤謠子のキルトバッグ Q&A ──────── 6

style 01 小さな庭
p.12 >>> p.85

style 02 雪の森
p.14 >>> p.88

style 03 フウリンソウの季節
p.16 >>> p.90

style 04 ゆれるレースフラワー
p.18 >>> p.92

style 05 ロマンチックな花かご
p.20 >>> p.94

style 06 青い花の世界
p.22 >>> p.72

style 07 ドングリ大好き
p.24 >>> p.96

style 08 テントウムシとクローバー
p.26 >>> p.98

style 09 まるい花々
p.28 >>> p.104

style 10 リースレター
p.30 >>> p.106

style 11 秋色のシンフォニー
p.32 >>> p.108

style 12 貝殻のうずまき
p.34 >>> p.110

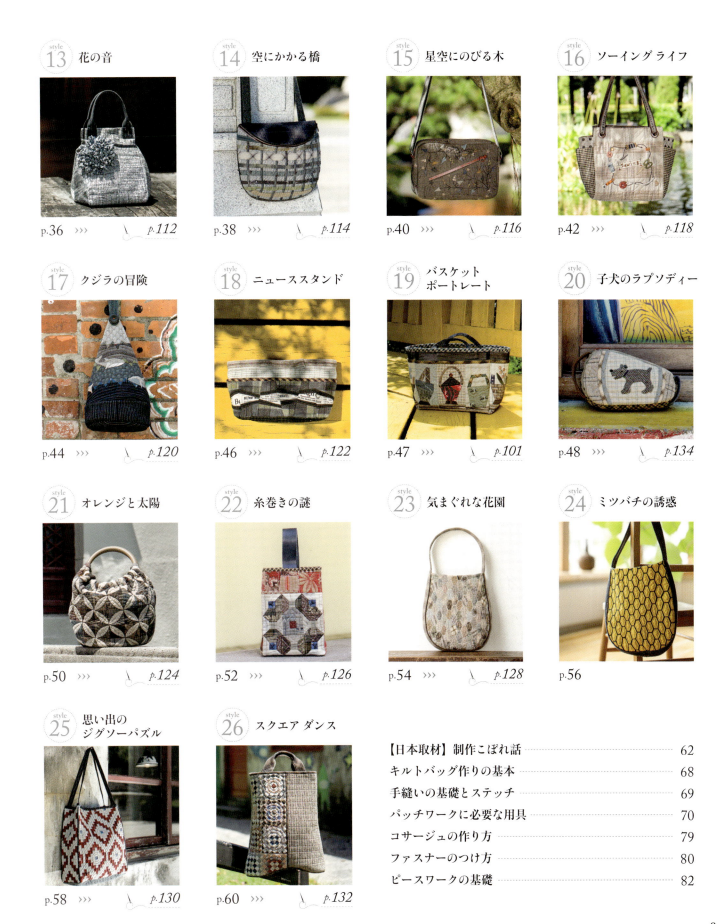

style 13 花の音	style 14 空にかかる橋	style 15 星空にのびる木	style 16 ソーイング ライフ
p.36 >>> p.112	p.38 >>> p.114	p.40 >>> p.116	p.42 >>> p.118

style 17 クジラの冒険	style 18 ニューススタンド	style 19 バスケット ポートレート	style 20 子犬のラプソディー
p.44 >>> p.120	p.46 >>> p.122	p.47 >>> p.101	p.48 >>> p.134

style 21 オレンジと太陽	style 22 糸巻きの謎	style 23 気まぐれな花園	style 24 ミツバチの誘惑
p.50 >>> p.124	p.52 >>> p.126	p.54 >>> p.128	p.56

style 25 思い出の ジグソーパズル	style 26 スクエア ダンス
p.58 >>> p.130	p.60 >>> p.132

【日本取材】制作こぼれ話 …… 62
キルトバッグ作りの基本 …… 68
手縫いの基礎とステッチ …… 69
パッチワークに必要な用具 …… 70
コサージュの作り方 …… 79
ファスナーのつけ方 …… 80
ピースワークの基礎 …… 82

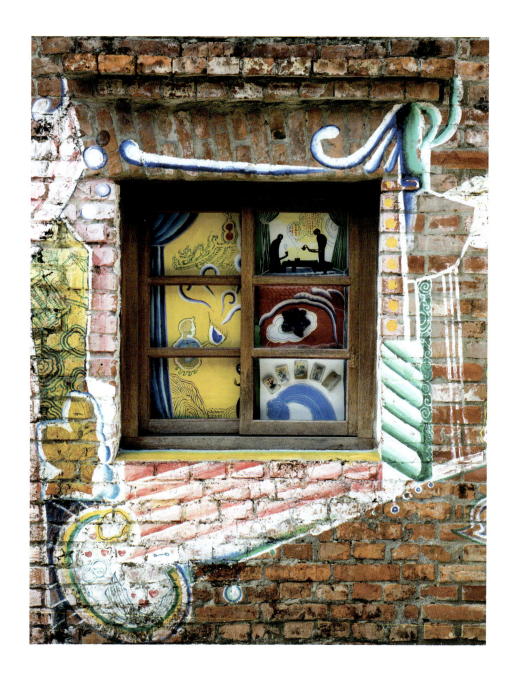

私の26のバッグ

26個の手作りバッグには26の個性があります。
いちばん好きな布を並べて、
一つ一つの手作りバッグの物語を描いてみて。

小さな庭

植木鉢から草花が生えているミニガーデンをイメージ。
大人っぽいダークグレーを基調に、
底面は変化に富んだ色彩をつなぎ合わせたエレガントなバッグ。

how to make ⟫⟫ p.85

雪の森

茶色のグラデーションが冬の日の趣を映し出したファンタスティックな世界。
茶を引き立てるために白を効果的に使って立体的に。

how to make >>> *p.88*

フウリンソウの季節

風にゆれる真っ白なフウリンソウを配した横長バッグ。
アースカラーの縦じまの布地がみずみずしい花を引き立てる。

how to make >>> p.90

ゆれるレースフラワー

丸い形が印象的な小さなバッグ。可憐(かれん)な形に映える透明感のあるレースフラワーをあしらって。
持ち手が1本なのは腕にかけたときに花がよく見えるようにという心遣い。

how to make >>> p.92

ロマンチックな花かご

上辺とまち側に施したスカラップで少女のようなロマンチックな雰囲気に。
やさしい色合いの花かごを引き立てる。手頃な大きさなのでふだん使いに活躍しそう。

how to make >>> *p.94*

青い花の世界

ふたにアップリケした青い花のキルトがとても幻想的なバッグ。
たっぷりと収納でき、ファスナーもついているので、使い勝手もよく重宝しそう。

how to make >>> *p.72*

ドングリ大好き

巾着型のポーチ。
ドングリや熟した木の実のアップリケや繊細なキルティングが施されているので、
手芸好きなら絶対欲しくなる一点。

style 08

テントウムシとクローバー

幸運を呼ぶというテントウムシと四つ葉のクローバーが
ビジネスバッグの堅いイメージを覆す。
まちがあるのでＢ４判サイズの書類がたっぷり入り実用的。

まるい花々

本体は布柄の木の輪郭をキルティングしただけですが、
主役となるまるい花のアップリケと組み合わせることで木もアップリケしたように見え、
手作り感が引き立つ。

how to make >>> p.104

リース レター

放射状の花が印象的なかわいい小物入れ。
持ち手が片方外せるので、
バッグの持ち手につけておくと使いたいときにすぐ探せるので便利。

how to make >>> p.106

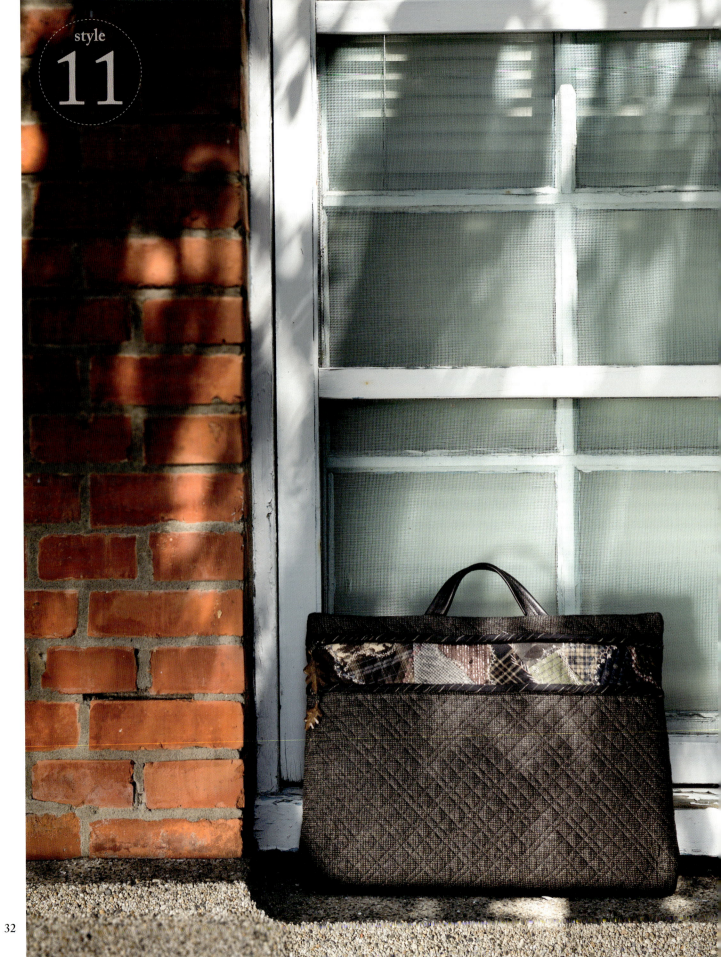

秋色のシンフォニー

落ち着いた感じのデザインに革の持ち手がおしゃれなバッグ。
前にダーツがあり、厚みのあるものも入る。
実用性抜群で男性にプレゼントしても喜ばれそう。

how to make >>> p.108

貝殻のうずまき

優美な楕円形が印象的なバッグ。直線のピースワークの構成に動きを出すため、
うねらせたラインの刺しゅうを
あえてずらして入れることではぎ目が多く見える。

how to make >>> p.110

花の音

ボックス形なので、開いたときに中のものが取り出しやすい。
コサージュを添えるとぐっと華やかに。
アクセサリー感覚でコーディネートを楽しんで。

空にかかる橋

はぎれをテープ状にして織り込むようにキルティングしたら、立体感が出て面白い表情に。
好みの色合いで楽しんで。実用性の高いショルダーバッグは旅行に最適。

style 15

星空にのびる木

星の模様の生地に、アウトラインステッチで
星空を目指しのびていくつると三角の葉を描いたショルダーバッグ。
斜めに横切るファスナーがアクセントに。

ソーイング ライフ

いつも使っている身近な裁縫道具をテーマにした、持ち手の長いバッグ。
肩にかけやすく、わきのポケットも大きくて使いやすいようデザインしました。

how to make >>> p.118

style 17

クジラの冒険

直線で三角形を横に切るように布をはぎ合わせたバッグ。
はぎ合わせが海の層のようにも海の波にも見える。
浅海から深海まで泳ぐというクジラにぴったり。

style 18

ニューススタンド

中央にはぎ合わされた英字新聞のような布地とギザギザ模様がシャープな印象のバッグインバッグ。
ポケットが多くつけられた実用的なデザイン。

バスケット ポートレート

46ページのバッグと同じスタイル。こちらはバスケットのバリエーションでユーモラスな雰囲気。
まちのフラワーバスケットもデザインのポイントに。

how to make >>> p.101

子犬のラプソディー

愛犬ライナスがモデルのポーチ。
直線的な形よりカーブをつけることで表情が出る。
両サイドに持ち手がついて実用的、また色も変えているので持つだけで楽しくなりそう。

style 21

オレンジと太陽

トラディショナルパターンの「オレンジピール」をモチーフに。
底面はやや大きめに作ってたっぷり収納できるようにして、皮製の輪の持ち手をつけて上品な仕上がりに。

糸巻きの謎

糸巻きのパターンをモチーフにした、ワンハンドルのミニトートバッグ。
まちはハンドキルト、底はミシンキルトで布の立体感を出し、力強さを表現。

style 23

気まぐれな花園

トラディショナルパターンの「おばあちゃんの花園」をアップリケ。
持ち手とマチが一本につながった形のショルダーバッグ。

how to make >>> *p.128*

ミツバチの誘惑

54ページの「気まぐれな花園」のパターンを鮮やかな黄色と黒で作ると、
まるでミツバチの巣のように見えてくる。
はちみつがこぼれ落ちそう。

思い出のジグソーパズル

「煙突と四角」のパターンをつないだバッグ。
赤色の縁取りにマーブルホワイトと青色の格子が映えて、鮮やかな印象に。

スクエア ダンス

半分は「ナインパッチ」のパターン、もう半分はダークブラウンの布にキルティングしたバッグ。
アシンメトリーなデザインで円形のキルティングがかえって引き立つ。

日本取材
制作こぼれ話

撮影＝頼光煜・蔡毓玲
文＝蔡毓玲

　このキルトの本を出版するために、頻繁なメールや手紙のやりとりのほか、雅書堂編集部が何度も日本に赴き、斉藤先生の「QUILT PARTY」を訪れて、書籍の企画について話し合いました。本書の細かい工程の撮影は、もちろん日本で行われ、精密な制作工程・作品に対する妥協を許さない態度に、プロフェッショナルな職人気質を見ることができました。この制作こぼれ話は斉藤先生のひと味違った一面が見られることでしょう。

QUILT PARTY —— 布を選ぶ幸せなひととき

　18世紀のアメリカのトラディショナルキルトに魅せられて、斉藤謠子先生はキルト製作の道に入ることになったそうです。彼女とキルトの縁はすでに40年も続きます。はじめはほんの趣味としてでしたが、たゆまぬ努力によって技術を向上させ、創作を続け、1985年に「QUILT PARTY」を立ち上げます。落ち着いた上品な雰囲気とポエジーを失わない斉藤スタイルは、世界中のキルト界で知名度を上げていきました。台湾でも17年前に初めて斉藤先生を招いて講習会が開かれ、いまでは、台湾は斉藤先生のいちばん好きな、最もお気に入りの国となりました。また斉藤先生も世界各国から招かれる大キルト作家です。それでは、斉藤先生の「QUILT PARTY」にお邪魔してみましょう。

　千葉県市川市にある「QUILT PARTY」は東京のすぐ隣で、東京駅から電車で20分ほどで交通の便がとてもよいところにあります。市川駅から商店の立ち並ぶゆるやかな坂道を歩いて5分ほどで、「QUILT PARTY」の文字が窓に貼り付けられたビルが見えてきます。1階の入り口には木製の看板が設置してあり、「間違いありません、ここですよ」と知らせてくれます。心躍る思いで2階に上がると、懐かしい趣の玄関があり、ドアの外には小熊が並んで座って歓迎してくれています。

ガラスがはめ込んである木製のドアを押し開けて、明るい店内に入ると、左側に天井まで届くたくさんの布地の収められた棚が目に入ります。巻きの布地は色別に分けて並べられ、グラデーションのかかった絵画のようです。見た目も美しく配色に応じて布を選ぶにも便利です。右側の窓寄りの壁には斉藤先生のコレクションした布地の専用コーナーがあり、宝石のようにいとおしいきれいな布地が集められています。この中から一つを選んでよいといわれたら、うれしくて困ってしまうでしょう。部屋の中には2列の低い棚があり、キルト用の道具・書籍・材料とボタンなどの付属品などが並べられ、奥のスペースには裁断台、その奥はキルト教室となっています。

　こちらのキルト教室は初級・中級・上級があり、平日の午前と午後に教室が開かれ、斉藤先生のほかに教師の資格を持つ人が交替でクラスを受け持っています。初級クラスは2人の先生が受け持ち、中級クラスになると斉藤先生ともう1人の助手の先生、上級クラス以上はすべて斉藤先生が指導にあたります。九州・大阪・青森など日本各地から上級クラスに集まる人は、すでにキルト教師であったり、キルト展で受賞歴のある作家であったりしますが、斉藤先生の指導を直接受けるために、わざわざ遠方からやってくるのです。

ビル入り口にある
QUILT PARTY の看板。

さまざまな布地が色別に分けられていて、一目ですぐわかり、色を選ぶのに便利。配色用の小切れは平置き式の木箱に入っていて、きれいに色別に並べてある。

採光のよい店内。各種の裁縫道具、小物などの材料が整然と並べられている。

明るい窓辺には、斉藤先生のデザインした布地の専門コーナーがある。横一列に並んだ色とりどりの華やかな模様がとても美しい。

QUILT PARTY ── キルト作家の作業室 訪問

斉藤先生の作業室の片隅。これが先生自らが設計して、大型作品を作るのに便利なキルトスタンド。横棒に巻いてある作品が床に触れることなく、また横棒を動かせば、縫いかけている部分を出すことができる。まわりには布地がきれいに並べて収納されている。

　お店の上階の３階には、斉藤先生の作業室のほか、「QUILT PARTY」のネット販売の出荷部門があり、日本全国のキルト愛好家の求めに応じて、職員たちが忙しく注文の品物を包装しています。彼らは職員でもありますがもちろんキルト助手でもあり、斉藤先生は温かくまた誇らしげに紹介してくれました。斉藤先生が創作に打ち込めるのは、彼らの存在、彼らへの信頼があるからこそでしょう。斉藤先生の書籍やデザインした布地から、あふれるような創意とすばらしい作品が見いだせることに納得がいきました。「QUILT　PARTY」で働くみなさんに心から感謝したい。みなさん、本当にありがとう！

斉藤先生の机の一角。数え切れないほどのハサミたち、これらはみなそれぞれの用途があって、すべて現役で使用中とのこと。

　斉藤先生がふだん仕事をしている作業室はとても簡素で清潔です。先生がデザインを構想するときに使う机、二つの作業用長机、参考資料をしまっておく書棚、キルトスタンド、そしてたくさんの布地！　すべての布地は頑丈な金属製パイプ棚に置かれ、色の系統別にたたんであり、斉藤先生が作品の構想を練るときに、配色を行うのに便利なようになっています。

　手仕事にたずさわる人の多くはみな何かしらの道具を集めるのが好きで、いつしかそれが山のように増えているものですが、斉藤先生にとっては、それがハサミなのです！　先生の机の上にはハサミがぎっしりとあって、真っ先に目を引く。思わず斉藤先生に聞いてしまいました。
「これらのハサミはぜんぶ使い道があるのですか？」
「そうですよ。」
「どうしてこんなにたくさん？」
「もともとハサミが大好きなの。キルトやアップリケを作るときに、ハサミはどうしても必要でしょ。切れが悪くなると新しいのに交換しなければならないけど、古いのも紙を切ったり、ほかに使いみちがあるの。」
　多くのハサミたちはこうしてここにあるのです。

作業室に入って最初にあるのが作業に便利な長机と裁縫道具。後ろの書棚には参考資料と斉藤先生のこれまで出版された書籍がぎっしり収められている。

もう一つ目を引くものが、超大型のキルトスタンド！このキルトスタンドは、斉藤先生がキルトの勉強を始めてまもないころ、自分にぴったりのオリジナルのキルトスタンドを設計しようと心に決めていたものです。いまも「QUILT PARTY」の人気商品の一つで、寸法は好きなように設定することができます。どんなに大きな作品でもこれにかけることができます。編集部が訪れたとき、キルトスタンドには2014年1月の「東京国際キルトフェスティバル」に出品するための、長さ5メートルもあるムーミンのキルトがかかっていました。この作品はキルトと童話が結びついた企画で、およそ2年前から作り始めていました。大規模な主題の作品を準備するために、斉藤先生は多くの海外からの招待をやむを得ず辞退していました。スタッフたちは大忙しでしたが、このときも、斉藤先生はスタッフたちに感謝していました。後進を引き立て全力で後押しをし、謙虚で感謝の気持ちを忘れない心のこもった態度は、国際的な名声を得ても変わることはありません。あるいは、これこそが斉藤先生の作品が愛される所以なのかもしれません。

台湾版制作こぼれ話 ── プロは妥協を許さない

　本書のバッグの作り方手順の部分を撮影するために、編集部は再び「QUILT PARTY」を訪れました。初めての先生との共同作業で、みな少し緊張しつつもわくわくしていました。撮影の場所は店内奥の、ふだんは授業のある教室で。斉藤先生が以前出版したキルト本も、ここで手順見本の撮影を行っているそうです。きれいに並べられていた机や椅子はすでに片づけられ、撮影スペースとスタッフの作業場ができていました。

　先生の呼びかけで、お互い簡単に打ち合わせをして、まず撮影の流れと品目を決めました。出版経験の豊富な斉藤先生は、画面の色彩についてあれこれ提案もされました。これから撮影する裁縫道具・見本作品の布地の模様や色に合うように、店内にある布地の中から、下に当てる背景 ── 明るいからし色の布地を選びました。斉藤先生の裁縫道具は、写真のキルトバッグのほかに、実は大きな道具箱にしまってあって、長い間使いこんでいるため、先生は時間をかけて選んでいきました。選びながらスタッフに「あら、これはだめね」「もっと新しいのはなかったかしら？」「これは少しはいいかしら？」「お店の新品を開けたほうがいいわ！」こんな細かいことまで、斉藤先生はいいかげんにすませたりしないのです。

　本書に収載する「青い花の世界」は、編集者の目の前で最初から作り始めて完成させた作品です。まず斉藤先生が作業のお手本を示し、続いてスタッフがその部分の仮縫い・たてまつりなどの作業を完成させます。流れるようにスムーズに作業が進んでいきます。斉藤先生はいつもこんなふうに仕事をされているのでしょう。分業で作業を進めるスタッフのために、撮影時は、バッグの本体、ファスナー、ふた、アップリケなどは、すべて同時進行で作っていきました。あらかじめ、縫製が必要な部分は、みな仮縫い・ミシン縫い・たてまつりの作業をすませてあります。折り目にはアイロンをかけ、縫い代の始末など、必要な作業はすべてていねいに施されています。撮影スケジュールが押しているからといって、見えないところをおろそかにすることはありません。これは作品への思い入れであり、妥協を許さないプロフェッショナルとしての態度です。そしてこれらのこまごまとした作業こそが、斉藤先生の作品をいっそうすばらしいものにしているのです。

斉藤謠子 ── キルト作家であり、また一つの団体を代表している ── その名のとおり、キルトを心から愛して楽しんでいるQUILT PARTYというプロ職人たちです。

入念に道具を選ぶ斉藤先生、愛用の道具箱もキルト作品。

長い経験はあっても、製作のときはいつも注意深く向かう。

斉藤先生と助手の2人が休む間もなく交替で作業し、2日かけてすべての見本を完成させた。

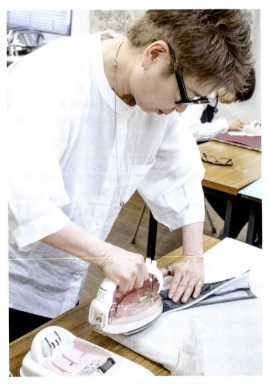

仮縫い・アイロン、細かい作業も決して妥協しない。

要所要所に応じて手縫いとミシンを使い分けている。

COLUMN

私のお気に入りバッグ

ここに紹介した4つのバッグは、
私がふだんの外出に使っているものです。
両手が自由になる斜め掛けのバッグはとても便利なので、
このタイプのデザインのバッグが多いです。
お気に入りのバッグを簡単にご紹介しましょう。

1
外形はごくごくシンプルな革のバッグ。ベーシックなデザインはどんな服にもよく合います。

2
たっぷり物がいれられる便利なバッグ。肩掛け用のひもがついているので、手提げと肩掛けの二とおりに使えます。

3
軽くて便利なナイロン素材。きれいな刺繍がレリーフのようで、とても気に入っているバッグです。

4
収納に便利なポケットがたくさんついています。カードなどこまごました物が取り出しやすくて、旅行にも便利です。

キルトバッグ作りの基本

愛情を込めて布を選び、布を裁って、
デザインする……
世界に一つだけのバッグを作るのは
なんてステキなことでしょう！

作品を作る前に

- 作り方の図の中の単位はcmです。
- 出来上がり寸法は、寸法図の寸法を表記しています。
  キルトの作品はキルティングすることで寸法が縮みます。
  キルティングの分量、使用する布地、キルト綿の厚さ、
  縫う人の手加減で違ってきます。
- キルティングの糸は布地の色めに合わせて選びます。
  いろいろな色めの糸がない場合は、ベージュ系の糸を使用します。
  どんな色の布地にも合います。
- バッグの仕立てはミシンで縫っています。
  手縫いの場合は、本返し縫いで縫いましょう。

手縫いの基礎とステッチ

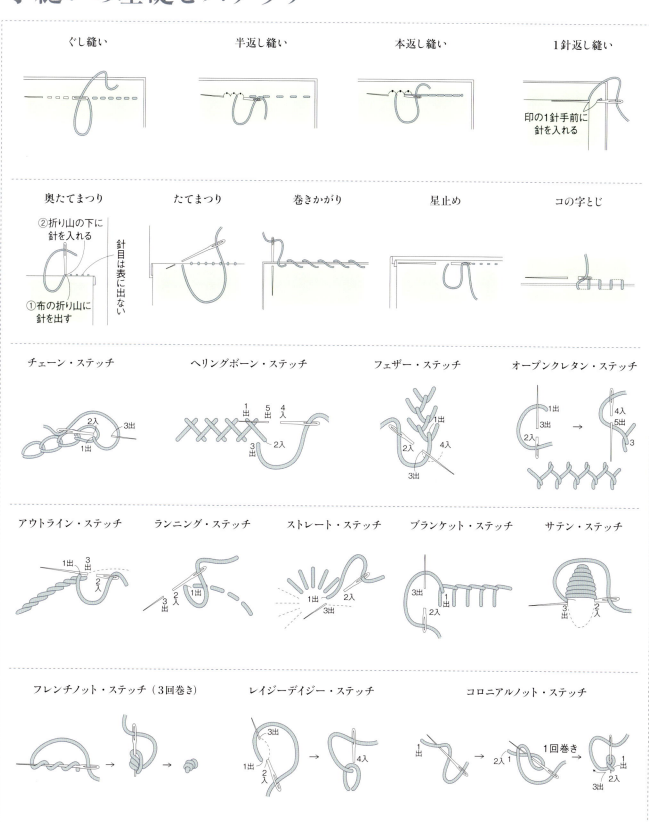

パッチワークに必要な用具

❶ パッチワークボード
やすり面は布地に型紙を写すときに使用し、カバーの柔らかい面は、カーブ用へらや直線用へらを使うときに使用する。裏側の布地面はアイロン台としても使用できる。

❷ 定規
型紙を作るときやキルティングラインを引くときに使用する。平行線やマス目の入ったものが使いやすい。

❸ ラクトきり(または、目打ち)
型紙を作るときに印つけとして使用する。また、袋の角を整えるときや縫い代をくるむときに使う。

❹ カーブ用へら・直線用へら
ピースの縫い代を倒したり、整えるのに使用する。

❺ 印つけペン(または、2Bの鉛筆)
型紙を作るときや布地に印をつけるとき、またキルティングラインを描くときに使用する。

❻ 文鎮
小さい作品のキルティングをするときに、おもしとして使用する。

❼ ハサミ
ⓐ布用・ⓑ糸用・ⓒ紙、キルト綿用
用途によって使い分けると傷まずに長もちする。

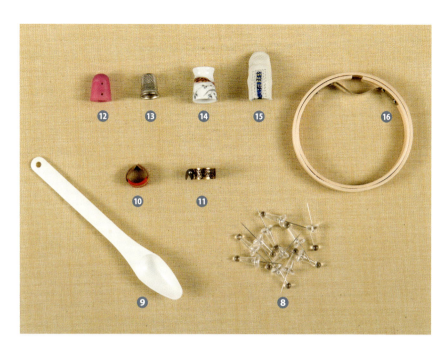

❽ プッシュピン
しつけをかけるときに3層に重ねたパーツを留めるのに使用する。脚の長いものがよい。

❾ スプーン
しつけをかけるときに使用する。
赤ちゃんのミルク計量用のスプーンがしなりがあって使いやすい。

❿ 指ぬき

⓫ 糸切りリング

⓬ ゴムのサック
右手の人さし指にはめて使用する。キルティングやまつり縫いをするときに、すべらずに針を抜くことができ、作業がしやすい。

⓭ メタルシンブル
キルティングのときに右手の中指にはめる。

⓮ 陶器のシンブル
キルティングのときに、左手の中指にはめる。

⓯ レザーシンブル
メタルシンブルの上にはめてキルティングをする。

⓰ 刺しゅうの丸枠
刺しゅうをするときに刺す部分に張って、布地のしわを伸ばしてから刺しゅうをする。

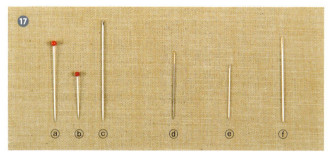

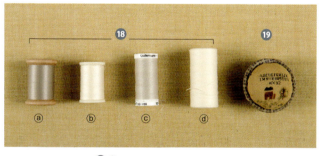

⓱ 針
ⓐ待ち針
ⓑ待ち針　針脚が短いのでアップリケのときに邪魔にならずに便利。
ⓒしつけ針　針脚の長い針で、しつけをかけるときに使用する。
ⓓ縫い針(黒針)　ピースワークやアップリケのときに使用する針。丈夫な針で厚手の布地や固い布のときに便利。
ⓔキルト針　キルティングに使用する短い針。
ⓕ刺しゅう針　刺しゅうをするときに使用する針。

⓲ 糸
ⓐ手縫い糸　ピースワークやアップリケに使用する。
ⓑキルト糸　キルティングに使用する。
ⓒミシン糸　バッグに仕立てるときに使用する。
ⓓしつけ糸

⓳ 針刺し

そのほかに、フープ(大きい作品のキルティングに使用する)、ライトテーブル(布地に図案を写すときに使用する)、大きく平らな板(しつけをかけるときに使用する。ない場合は畳で代用できる)、クイックターン(持ち手やひもを表に返したり、しんを通しながら表に返す事ができ、あると便利)、ローラーカッター、厚紙(型紙用)、トレーシングペーパー(図案を写すのに使用する)、ミシン、アイロン、アイロン台など。

style 06 青い花の世界 >>> p.22

- 出来上がり寸法
  幅24.5cm、丈19cm、まち底幅10cm
- 実物大型紙・図案は型紙B面掲載。

材料

木綿地
　プリント…110cm幅　35cm（本体表、表まちA・B、裏ふた、マグネットボタン布）
　織り柄イ…25×25cm（表ふた）
　織り柄ロ…55×55cm（持ち手、パイピングコード、当て布）
　織り柄ハ…110cm幅　45cm（本体裏、裏まち、縫い代始末用バイアス布）
　はぎれ数種…各適宜（アップリケ）
　無地…30×30cm（ふた当て布）
キルト綿…100cm幅　50cm
薄手接着しん…25×20cm（ふた）
中厚接着しん…50×30cm（本体、まちA）
厚手接着しん…55×20cm（まちB）
シャキットしん…50×5cm（持ち手）
ワックスコード…太さ0.3cm　60cm
樹脂ファスナー　30cm…1本
マグネットボタン　直径2cm…1組
25番刺しゅう糸　紺、グレー、濃いグレー
　…各適宜

裁ち方

各接着しんとシャキットしん、パイピングコードは裁ち切り。
当て布・キルト綿・裏布は3cm、アップリケ布は0.3cm、茎のアップリケ布は1cm幅のバイアス、ふたの裏布とそのほかは0.7cmの縫い代をつけて裁つ。

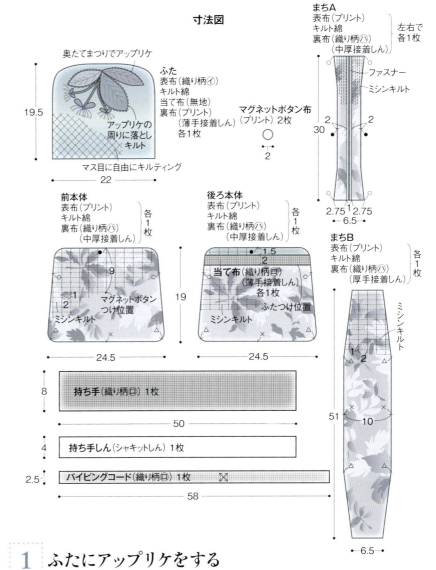

1 ふたにアップリケをする

- 作り方写真では、わかりやすくするために　糸の色と一部布地をかえて説明しています。

1 付録型紙のアップリケ図案を薄手の紙に写す。ふた表布は実物大型紙に0.7cmの縫い代をつけて裁つ。ライトテーブルに図案をのせ、この上にふた表布をのせて、印つけペンでアップリケ図案を写す（または、明るい日中に透明な窓ガラスを使って写す）。

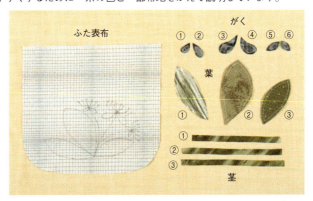

アップリケの茎は1cm幅のバイアスに裁ち、0.3cm内側に縫い線を引く。そのほかのアップリケ布は布地の表側に出来上がり線を写し、0.3cmの縫い代をつけて写真の枚数に裁つ。

2 中央の茎をアップリケする。図案の右側の線とバイアス布の縫い線を合わせて中表にして当て、印から印位置までに待ち針を細かく打って留める。バイアス布の余分は印位置でカットする。

3 印から印位置までをぐし縫いで縫う。縫い始めと終わりは1針返し縫いをする。

4 バイアス布はきせをかけて表に返し、爪で折り筋をつける。茎幅に合わせて針先で縫い代を内側に入れ込み、奥たてまつりでまつる。

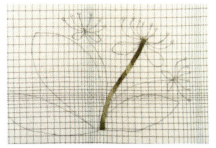

5 続けて針先で縫い代を内側に入れ込みながら奥たてまつりで印位置までまつる。残りの2本の茎も同様にしてアップリケする。

6 茎の先が隠れるように葉②を図案に合わせて当て、待ち針を打って留める。カーブのゆるやかなところからまつり始め、縫い代を内側に入れ込みながら奥たてまつりで周りをまつる。

7 葉のつけ根までまつったら、角の飛び出している縫い代は縫い代幅に合わせてカットする。

8 角の縫い代は3回に分けて内側に折り込んでとがらせる。続けてスタート位置までまつる。残りの2枚の葉も同様にしてまつる。

スタート位置

9 がくをアップリケする。がく③を図案位置に当て、待ち針で留める。葉の6〜9と同様にしてまつり、カーブのくぼんでいる部分は縫い代に浅めの切り込みを入れる。カーブに沿わせて針先で縫い代をぐるりと内側に入れ込み、奥たてまつりでまつる。残りのがくも同様にしてアップリケする。

10 実物大図案を参照して、刺しゅうをする。葉の中は図案を見ながら葉脈を描いてから刺しゅうをする。アップリケの出来上がり。

2 キルティングをする

1 印つけペンでキルティングラインを描く（寸法図参照）。平らな板の上に当て布の裏を上にしてのせ、周りにプッシュピンを打って留める。この上にキルト綿を重ね、裏布に打ったプッシュピンをはずしてキルト綿の周りに打つ。次にキルト綿の中央に表布を重ね、キルト綿に打ったプッシュピンをはずして、表布の周りに打つ。

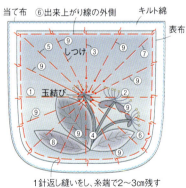

2 しつけをかける。しつけ糸の糸端に玉結びを作り、中心に針を入れる。裏布まですくって大きい針目で外側に向かって縫う。最後は1針返し縫いをし、糸端2〜3cmを残してカットする（①）。次に②〜⑨の順序にかける。
※スプーンの底で布を押さえ、針先をスプーンの先に当てると針が楽に抜ける。

3 キルティングをする。指を傷めないように写真の道具を指にはめる。

4 キルトの端に文鎮を置いて動かないように固定する。中心から外側に向かって、しわを外側に逃がすようにしてキルティングをする。最初に斜めのラインを縫い、次に葉脈や刺しゅうの片側、最後にアップリケの周りに落としキルトをする。

5 キルティングが出来た。表布側に出来上がり線を引く。

3 ふたを仕上げる

1 パイピングコードを作る。2.5cm幅バイアス布の内側にワックスコードをはさんで2つに折り、コードのきわにしつけをかける。

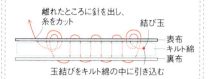

キルティングの縫い始めと縫い終わり

キルティングの縫い始め
1 糸端に玉結びを作り、縫い始め位置より少し離れた表布側から針を入れ、キルト綿まですくって縫い始め位置の1目先に針を出す。糸を引いて玉結びを中に引き込む。
2 1目戻って、キルト綿まですくって**1**と同じところに針を出す。もう一度戻って同じところに針を入れ、裏布まですくって1目先に針を出し、そのままラインに沿って縫う。

キルティングの縫い終わり
1 縫い終わりは裏布まですくって2目先に針を出す。
2 1目戻って針を入れ、キルト綿まですくって**1**と同じところに針を出す。
3 もう一度**2**と同じところに針を入れ、キルト綿の中に針をくぐらせ、離れたところに針を出す。布のきわで糸をカットする。

2 ふたの表側にパイピングコードのわが内側になるようにして当て、印から印位置までに待ち針を打って留める。出来上がり線の外側にしつけをかける。

3 出来上がり線をミシンで縫い、パイピングコードを縫い留める。

4 ふた裏布の裏に薄手接着しんをはる。**3**の表布と中表に合わせ、**3**の縫い目の上を縫う。

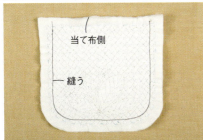

5 返し口側を残して、当て布とキルト綿の余分を表布に合わせてカットする。返し口から表に返す。ふたの出来上がり。

4 まちA・Bを作る

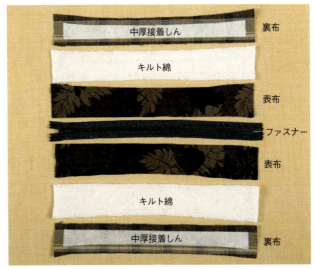

1 まちAを作る。実物大型紙と72ページの寸法図を参照して各パーツを裁つ。裏布の裏に中厚接着しんをはる。

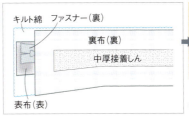

2 ファスナーをはさんで表布と裏布を中表に合わせ、表布の裏にはキルト綿を重ねる。口側をミシンで縫う。

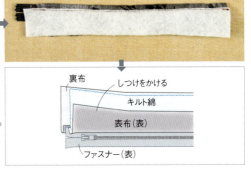

3 口側の裏布は表布に合わせてカットし、キルト綿は縫い目から0.1cm残してカットする。表に返し、しつけをかける。

4 ファスナーの反対側も**2**～**3**と同様にして縫う。端ミシンとミシンキルトを自由に入れる。まちAが出来た。

5 まちBを作る。裏布の裏に厚手接着しんをはる。キルト綿・表布と3層に重ねてしつけをかけ、ミシンキルトを入れる(72ページ寸法図を参照)。

5 持ち手を作る

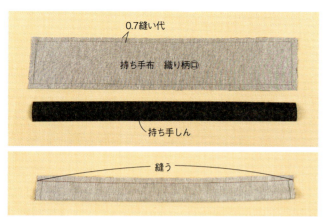

1 寸法図を参照して織り柄□で持ち手布と持ち手しんを裁つ。持ち手布は中表に2つに折り、端から端まで縫う。

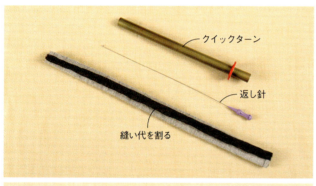

2 縫い代を割り、縫い目を中央にする。クイックターンを通し、反対側の先を折り、返し針を下から入れて折った布にかける。

2 クイックターンの先にしん地を少しさし込む。返し針を手前に引くとしん地が持ち手の中に入りながら表に返る。アイロンで整えて、ミシンキルトを入れる。持ち手が出来た。

6 まちと持ち手を縫い合わせる

1 寸法図を参照して織り柄□で持ち手と持ち手しんを裁つ。持ち手は中表に2つに折り、端から端まで縫う。まちBに持ち手を仮留めする。

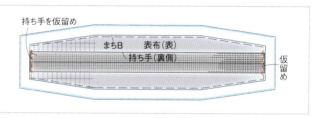

2 1のまちBにまちAを持ち手をはさんで中表に合わせ、両わきを縫って筒状にする。

7 本体を作り、バッグに仕上げる

1 前・後ろ本体の裏布の裏に中厚接着しんをはる。表布にキルティングラインを描く(72ページの寸法図参照)。裏布・キルト綿・表布の順に3層に重ね、しつけをかける。ミシンキルトを入れ、周り以外のしつけをはずす。

3 縫い代の始末をする。織り柄⑷を2.5cm幅バイアスに裁ち、0.7cm内側に縫い線を引く。長さ8cmに2本裁つ。まちA側にバイアス布を中表にして当て、2のわきの縫い目とバイアス布の縫い線を合わせて待ち針を打つ。

2 後ろ本体の表布側にふたを当て、しつけをかけて留める。当て布は裏に薄手接着しんをはり、上下の縫い代を内側に折る。ふたの上に当ててミシンで縫い留める。

4 3の縫い線に沿って縫い目の上をミシンで縫う。バイアス布の端に合わせて余分な縫い代をカットする。

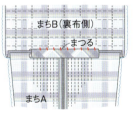

5 ラクトきり(または、目打ち)を使ってバイアス布で縫い代をくるみ、待ち針を打つ。キルト綿まですくってたてまつりでまつる。反対側のわきも同様にして縫い代の始末をする。

3 まちの両側に本体の前側と後ろ側を中表に合わせ、合い印を合わせて待ち針を打つ。出来上がり線をぐるりとミシンで縫う。このときまちAのファスナーを表に返すために半分ぐらいあけておく。

2.5バイアス布

バイアス布

まちB

6 マグネットボタン布の縫い代をぐし縫いする。マグネットボタンの表側を布側にして中央にのせ、ぐし縫いの糸を引き絞り、2回返し縫いをして玉留めする。凹・凸とも同様に仕上げる。

7 ふたと前本体に当て（位置は寸法図参照）、周りを奥たてまつりでまつる。ファスナーの引き手に飾りをつけてもよい。出来上がり。

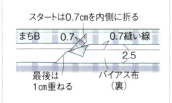

スタートは0.7cmを内側に折る
まちB　0.7　0.7縫い線
2.5
最後は1cm重ねる　バイアス布（裏）

4 織り柄Ⓐで2.5cm幅バイアス布を長さ90cmに2本用意し、0.7cm内側に縫い線を引く。バイアス布をまちBの底中央に中表にして当て、スタートは0.7cmを内側に折る。3の縫い目とバイアス布の縫い線を合わせて待ち針を打ち、最後はスタートに1cm重ねて余分があったらカットする。縫い線に沿ってミシンで縫う。

バイアス布で縫い代をくるんで本体側に倒し、たてまつり
まちA
まちB
本体

5 バイアス布の端に合わせて余分な縫い代をカットする。バイアス布を表に返し、縫い代をくるんで本体側に倒し、たてまつりでまつる。反対側の縫い代も同様にして始末する。

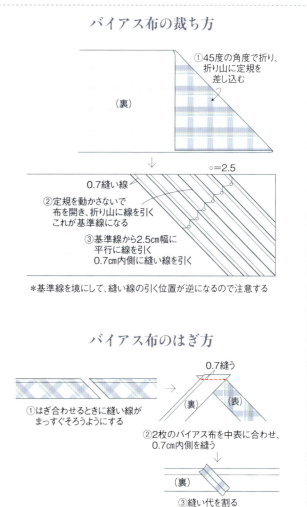

バイアス布の裁ち方

①45度の角度で折り、折り山に定規を差し込む

（裏）

○＝2.5

0.7縫い線

②定規を動かさないで布を開き、折り山に線を引くこれが基準線になる

③基準線から2.5cm幅に平行に線を引く
0.7cm内側に縫い線を引く

＊基準線を境にして、縫い線の引く位置が逆になるので注意する

バイアス布のはぎ方

0.7縫う

（裏）（表）

①はぎ合わせるときに縫い線がまっすぐそろうようにする

②2枚のバイアス布を中表に合わせ、0.7cm内側を縫う

（裏）

③縫い代を割る

コサージュの作り方

36ページの作品「花の音」の
コサージュの作り方を
解説しています。

● バッグの作り方は112ページに掲載。
● 出来上がり寸法　直径約10cm

材料
木綿地　織り柄…55×40cm（花弁・土台布）
プラスチックボード…4×8cm（しん）
ブローチピン…1個

1 長さ40cmの織り柄を0.8cm幅に手で裂く。

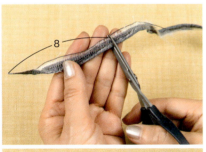

2 裂いた織り柄を長さ8cmにカットし、120本用意する。花弁になる。同じ織り柄を直径10cm（A）に裁ち、中央に直径4cm（C）と7cm（B）の円を描く。土台布になる。

3 2の花弁を2つに折り、折り山を土台布の直径4cmの円の印位置に中心に向けて当て、折り山をすくって縫い留める。同様にして隙間がないように円に沿って縫いつける。

4 3の要領で1周縫いつけ、花弁を外側に広げる。

5 続けてぐるぐるとうずまき状に内側へ縫い留めていく。全部で120本の花弁を縫いつける。

6 土台布を直径7cmの円のところでカットする。

7 土台布の端から0.5～0.7cmのところをぐるりとぐし縫いをする。内側に直径4cmのプラスチックボードを入れ、ぐし縫いの糸を引き絞る。1針返し縫いをして玉留めする。

8 プラスチックボードを直径3.5cm(D)の円にカットし、**6**の裏側中央に接着剤ではる。さらにこの中央にブローチピンを接着する。

9 花弁の中央が高くなるようにカットして整える。出来上がり。

実物大型紙

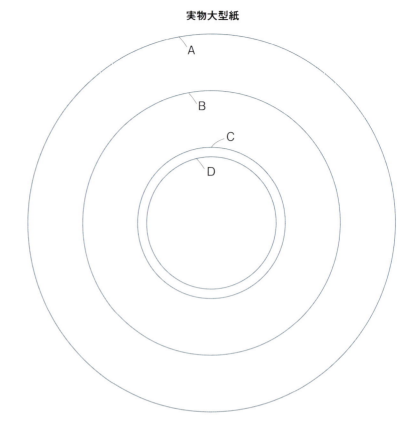

ファスナーのつけ方

40ページの作品「星空にのびる木」のファスナーでファスナーづけの基礎を解説しています。

● バッグの作り方は116ページに掲載。
● ファスナーのつけ方をわかりやすく解説するために、本体部分は小さなパーツを作って説明しています。
● 作り方写真では、わかりやすくするために糸の色をかえています。

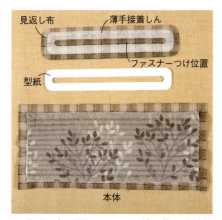

1 見返し布は型紙に0.7cmの縫い代、薄手接着しんは裁ち切りで1枚ずつ裁ち、見返し布の裏に薄手接着しんをはる。裏側に型紙を当て、ファスナーつけ位置の印をつける。本体は裏布・キルト綿・表布の3層に重ねてキルティングをする。

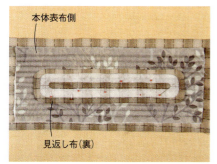

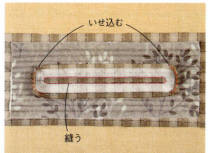

2 本体の表側のファスナーつけ位置に、1の見返し布を中表に合わせて当て、周りに待ち針を打って留める。ファスナーつけ位置をミシンで縫う。見返し布の両端のカーブ部分はぐし縫いをしていせ込みを入れる。

3 ファスナーつけ位置の中央にローラーカッターで本体まで切り込みを、中央部分のみ入れる（端まで切らないように注意する）。続けてはさみで左右のきわまで切り込みを入れ、さらにカーブ部分は2か所切り込みを入れる。

4 見返し布を裏に返し、アイロンを当てて整える。

5 裏側を出し、見返し布の縫い代を内側に折り、周りをたてまつりでまつる。

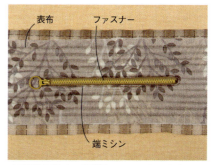

6 表側を出す。裏側にファスナーを当てて位置を確認し、しつけをかけて、ファスナーを留める。ファスナーつけ位置の周りに端ミシンをかける。

7 裏側を出し、ファスナーの端をたてまつりでまつり、上耳（下耳）は内側に折り込んで続けてまつる。出来上がり。

ピースワークの基礎

ピースワークの基本の縫い方を正方形のパターン
60ページの作品「スクエア ダンス」を使って説明します。
そのほかのパターンやブロックも、
このページを参照して縫いましょう。

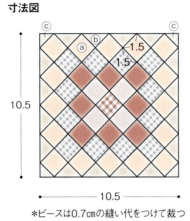

寸法図

*ピースは0.7cmの縫い代をつけて裁つ

2 ピースワークをして、9列のブロックを作る

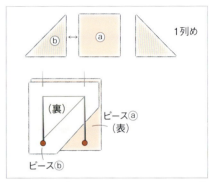

1 1列めのブロックを作る。左端のピースⓐとⓑを中表に合わせ、角の印と印を合わせて待ち針を打つ。

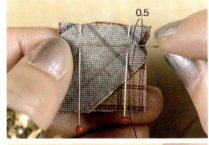

2 縫い糸の糸端に玉結びを作り、角の印の0.5cm外側に針を入れ、1針すくう。もう一度同じところに針を入れ、そのままラインに沿ってぐし縫いで縫う。次の角の0.5cm外側まで縫い、1針返し縫いをする。

1 ピースを裁つ

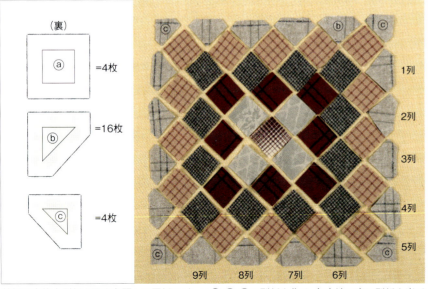

付録の実物大型紙A面を参照して厚紙でピースⓐ・ⓑ・ⓒの型紙を作る。各布地の裏に型紙を当て、印つけペンで輪郭線を写す。0.7cmの縫い代をつけて、好みの布地で裁つ。ブロックの形にピースを並べて、縫う順序を考える。このブロックの場合は、斜めに9列のブロックを作ってから、縦に縫い合わせて正方形のパターンに仕上げる。

3 最後は玉留めをして糸をカットする。この縫い方を「縫いきり」と言う。ピース2枚が縫えた。

4 余分な縫い代があれば縫い目から0.7cmのところで切りそろえる。

5 縫い代は0.1cmのきせをかけてピースⓑ側に倒し、爪で折り筋をつける。

6 パッチワークボードの柔らかい面にのせ、直線用へらの平らな面で縫い目に沿ってこすり、縫い代を落ち着かせる。

7 ピースⓐの反対側の辺に1〜4と同様にしてピースⓑを縫い合わせる。縫い代はピースⓐ側に倒す。1列めのブロックが出来た。

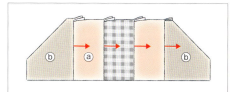

8 2列めのブロックを作る。1〜6の要領でピースⓐとⓑを横に縫い合わせる。縫い代は1列めと反対側の片側に倒す。

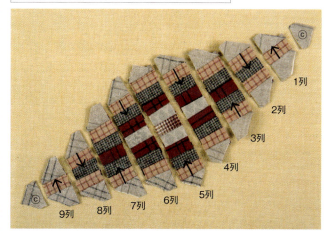

9 3列め〜9列めも同様にしてピースワークする。縫い代は各列で互い違いになるように片側に倒す。

3 パターンに仕上げる

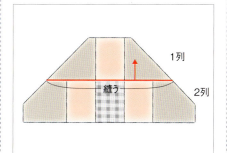
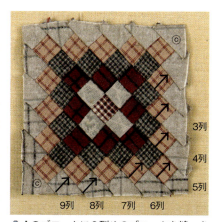

1 1列めのブロックと2列めのブロックを中表に合わせ、縫いきりで縫い合わせる。縫い代を切りそろえ、きせをかけて縫い代は1列めのブロック側に倒す。

2 1のブロックに3列めのブロックを縫いきりで縫い合わせる。縫い代は2列めのブロック側に倒す。この要領で9列めのブロックまで縫い合わせ、縫い代は上側のブロック側に倒す。最後にピースⓒを縫い合わせ、縫い代は同じ方向の上側に倒す。パターンの出来上がり。

how to make ›››

style 01 小さな庭　>>> p.12

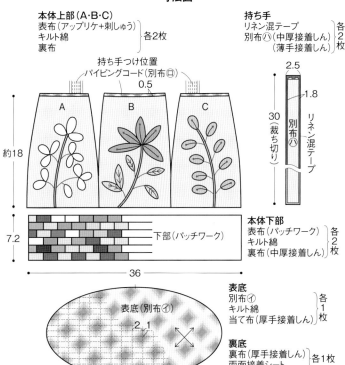

- 本体上部と底の実物大型紙・アップリケの図案は型紙A面に掲載。
- 出来上がり寸法　幅36cm、深さ25cm、底15×30cm

材料
木綿地
　表布(プリント)…40×45cm(本体表A・B・C)
　別布㋑(格子の織り柄)…35×35cm(表底)
　別布㋺(格子の織り柄)…25×25cm(パイピングコードのバイアス布)
　別布㋩(縦じまの織り柄)…30×6cm(持ち手)
　裏布(縦じまの織り柄)…110cm幅　70cm(本体裏、裏底、縫い代始末用バイアス布)
　当て布(適宜な布)…21×36cm(表底)
　はぎれ数種…各適宜(本体A・B・Cのアップリケ)
　はぎれ約20種…各適宜(本体下部のパッチワーク)
キルト綿…70×100cm
厚手接着しん…30×30cm(表・裏底)
中厚接着しん…18×36cm(本体下部、持ち手)
リネン混テープ…2.5cm幅×60cm(持ち手)
両面接着シート…15×30cm(裏底)
ワックスコード　太さ0.3cm…60cm(パイピングコードのしん)
25番刺しゅう糸　薄茶色、紺、グレー、こげ茶…各少々

裁ち方
アップリケ布は0.3cm、パッチワーク用各ピースと持ち手の飾りは0.7cm、本体表のA・B・Cと表底は1cm、当て布と各裏布、各キルト綿は3cmずつの縫い代をつけて裁つ。各接着しんと両面接着シートは裁ち切りにする。裏布は裁ち方図参照。

作り方
1. 本体A・B・Cの各表布にアップリケと刺しゅうをし、キルト綿、裏布を重ねてキルティングをする。キルティングは表布の模様に沿って適宜にする。A・B・Cとも2枚ずつ作る。
2. A、B、Cをつなぎ合わせ、縫い代をB側に倒し、A、Cの裏布で縫い代をくるんで始末する(図1)。
3. パッチワークをして本体下部のトップを作り、キルト綿、裏布と重ねてミシンキルトをする(図2)。パッチワークの実物大型紙はp.86を参照。
4. 図3を参照して、本体の上部と下部をつなぐ。縫い代は裏布のバイアス布(以下バイアス布)でくるみ、下部側へ倒してまつりつける。
5. 本体を中表に合わせてわきを縫う。縫い代はバイアス布でくるんで始末する(図4)。
6. 表底を作って、本体と縫い合わせる(図5)。縫い合わせてから、底回りをはかり、表底の型紙を修正して裏底の型紙を作る。
7. 裏底を作って、表底の裏側にまつりつける。半分ぐらいまでまつったら両面接着シートを入れて残りをまつり、アイロンで接着させる(図6)。
8. 別布㋺で2.5cm幅のバイアス布を作り、中にワックスコードをはさんでパイピングコードを作る。本体の入れ口に仮留めする(図7)。
9. 持ち手を作り、バイアス布ではさみづける(図8)。

寸法図

本体上部(A・B・C)
表布(アップリケ+刺しゅう)
キルト綿
裏布
　}各2枚

持ち手
リネン混テープ
別布㋩(中厚接着しん)
　(薄手接着しん)
　}各2枚

持ち手つけ位置
パイピングコード(別布㋺)
0.5
約18
7.2
36
下部(パッチワーク)

本体下部
表布(パッチワーク)
キルト綿
裏布(中厚接着しん)
　}各2枚

表底
別布㋑
キルト綿
当て布(厚手接着しん)
　}各1枚

裏底
裏布(厚手接着しん)
両面接着シート
　}各1枚

2.5 / 1.8 / 30(裁ち切り)　別布㋩　リネン混テープ

表底(別布㋑)　2.1

*裏布(中厚接着しん)は裏布に中厚接着しん(裁ち切り)をはることを示す

裏布の裁ち方

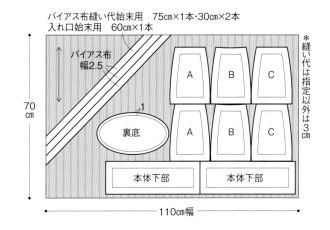

バイアス布縫い代始末　75cm×1本・30cm×2本
入れ口始末　60cm×1本
バイアス布幅2.5
70cm
110cm幅
*縫い代は指定以外は3cm

図1 本体上部のつなぎ方

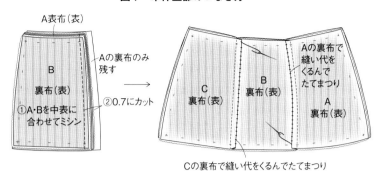

パッチワークの実物大型紙

図2 本体下部の作り方

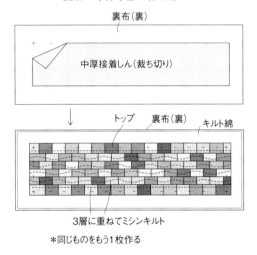

*同じものをもう1枚作る

図3 本体上部と下部のつなぎ方

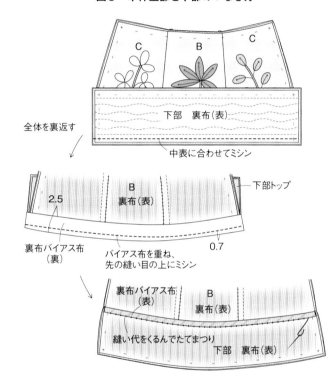

図4 わきの縫い方

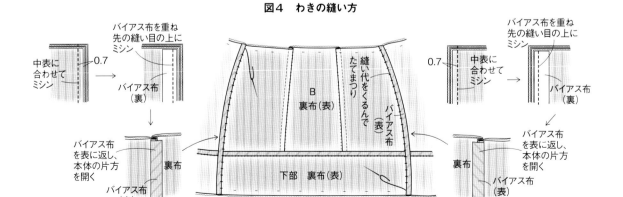

図5 表底の作り方とつけ方

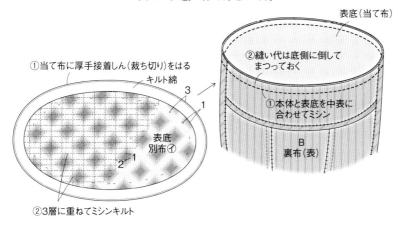

図6 裏底の作り方とつけ方

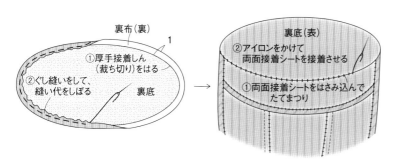

図7 パイピングコードの作り方とつけ方

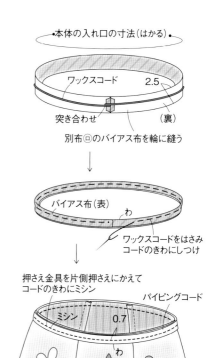

図8 持ち手の作り方とつけ方

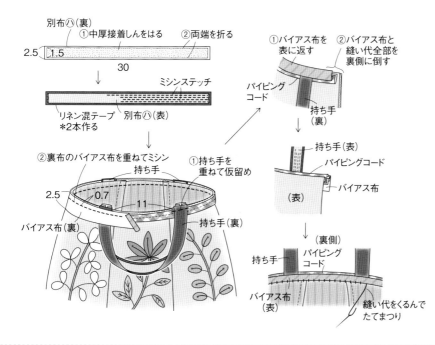

出来上がり

style 02 雪の森 >>> p.14

- 50%縮小型紙・アップリケの図案は型紙C面に掲載。
- 出来上がり寸法　幅37cm、深さ24cm、わきまち14cm

材料
木綿地
　表布(織り柄)…80×60cm(本体表、表まち、裏ポケット)
　別布㋑(樹木のプリント)…30×40cm(表ポケット)
　別布㋺(小格子の織り柄)…25×25cm(ポケット口のパイピング、タブ)
　別布㋩(むら染めプリント)…15×40cm(表底)
　裏布(中格子の織り柄)…110cm幅　90cm(本体裏、裏まち、裏底、縫い代始末用バイアス布2.5cm幅×150cm)
　はぎれ数種…各適宜(ポケットのアップリケ)
キルト綿…70×110cm
厚手接着しん…65×55cm(表底、裏まち)
薄手接着しん…40×40cm(本体裏、見返し)
太幅ファスナー…長さ40cm　1本
皮革製持ち手…長さ30cm　1組

裁ち方
アップリケ布は0.3cm、見返しとタブは0.7cm、本体表と表まち、表ポケットは1cm、本体裏と裏まち、裏ポケット、各キルト綿は3cmずつの縫い代をつけて裁つ。各接着しんは裁ち切りにする。

作り方
1 表ポケット布にアップリケをし、キルト綿と裏ポケット布を重ねてキルティングをする。キルティングは、布の模様に沿って適宜にする(図1)。
2 別布㋺で3.5cm幅×70cmのバイアス布を作り、1のポケット口をパイピングする(図1)。後ろ側ポケットはアップリケなしで同様に作る。
3 本体の表布、キルト綿、裏布を重ねてミシンキルトをする。キルトラインは織り柄に沿って適宜に(図2)。
4 ポケットをつける。3にポケットを重ね、仕切り線を返し縫いで縫い留め、ポケット口の中央のみをミシンで縫い留める(図3)。
5 表底布にキルト綿と裏布を重ねてミシンキルトをし、本体の底側に縫いつける。本体の裏布のみを残して縫い代を0.7cmにカットする。縫い代を底側に倒し、裏布でくるんで裏底にまつりつける(図4)。
6 本体の表側に皮革製持ち手を仮留めする(図5)。
7 表まちにキルト綿と裏布を重ねてキルティングをする。見返しを中表に重ね、p.81を参照してファスナーつけ位置にミシンをかけ、中央に切り込みを入れて見返しを裏側に返し、ファスナー用のあきを作る(図6)。
8 7で開けたあきにファスナーをつける(図7)。
9 タブを作って、ファスナーの両端に縫いつける(図7・8)。
10 まちと本体を中表にし、各合い印を合わせてミシンで縫い合わせ、縫い代はバイアス布でくるんで始末する。このときファスナーを開けておかないと、表に返せなくなるので注意。

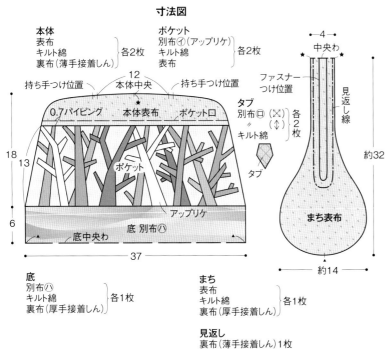

寸法図

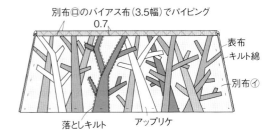

図1　ポケットの作り方

図2　本体の作り方

図3 ポケットのつけ方

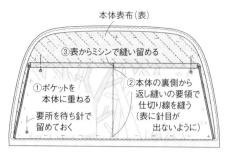

図4 底のつけ方

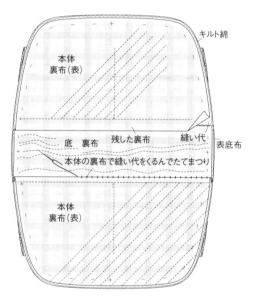

図5 持ち手のつけ方

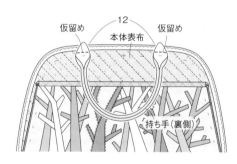

出来上がり

図6 まちの作り方

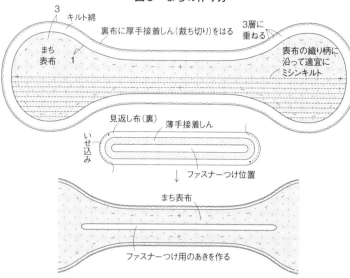

図7 ファスナーのつけ方

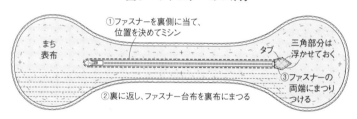

図8 タブの作り方

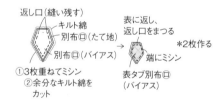

図9 まちのつけ方

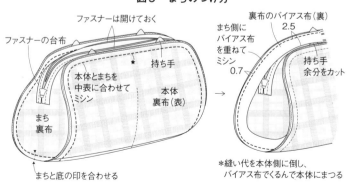

style 03 フウリンソウの季節　>>> p.16

- 実物大型紙・アップリケの図案は型紙A面に掲載。
- 出来上がり寸法　幅40cm、深さ20cm、底まち幅10cm

材料
木綿地
　表布(縦じまの織り柄)…45×90cm(本体、表まち)
　別布㋑(格子の織り柄)…10×100cm(本体、まちの切り替え布、
　　表・裏タブ)
　別布㋺(格子の織り柄)…30×60cm(表・裏持ち手)
　別布㋩(プリント)…25×25cm(切り替え線上のバイアス布)
　裏布(格子の織り柄)…60×110cm(本体裏、見返し布、裏まち)
　はぎれ数種…各適宜(本体のアップリケ)
キルト綿…50×110cm
厚手接着しん…10×83cm(裏まち)
中厚接着しん…15×40cm(持ち手、タブ)
薄手接着しん…20×35cm(見返し)
マグネットボタン…直径1.8cm　1組
25番刺しゅう糸　茶色…少々

裁ち方
アップリケ布は0.3cm、見返し、持ち手、タブは0.7cm、本体表、各切り替え布、表まちは1cm、各裏布、各キルト綿は3cmずつの縫い代をつけて裁つ。各接着しんは裁ち切りにする。

作り方
1. 本体に切り替え布を重ねてたてまつりで縫いつけ、その線上に別布㋩のバイアス布をアップリケする。まちの入れ口側も同じように縫う(図1)。
2. 本体にアップリケと刺しゅうをし、キルト綿、裏布を重ねてキルティングをする(図1)。
3. 見返しは裏布で裁ち、裁ち切りの薄手接着しんをはる(図2)。
4. 持ち手とタブを作る(図3・4)。
5. 持ち手、タブを見返しではさみつける。タブは後ろ本体の中央にはさむ(図5)。
6. まちを作って本体と縫い合わせ、縫い代を始末し、見返し奥をまつりつける(図6・7)。
7. 前側入れ口の裏面にマグネットボタンをつけて仕上げる(図8)。

図1　本体の作り方

寸法図

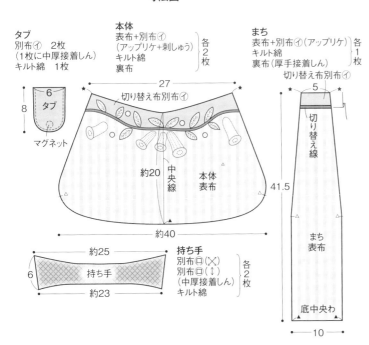

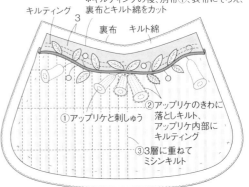

*後ろ側は、アップリケと刺しゅうをせずに、ミシンキルトで同様に作る

図2　見返しの作り方

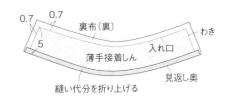

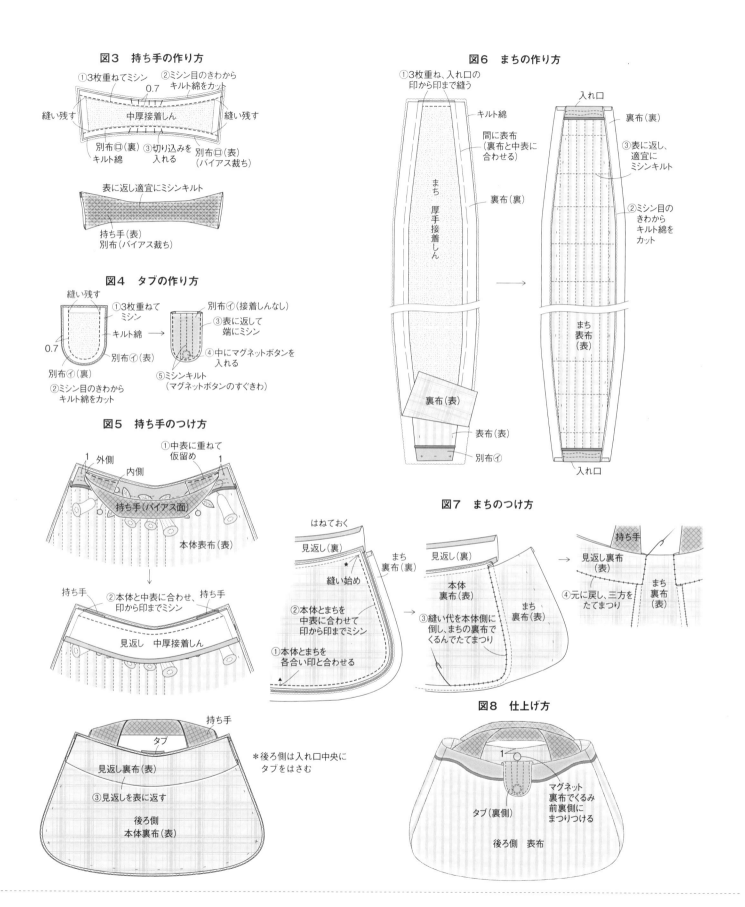

style 04 ゆれるレースフラワー　>>> p.18

- 実物大型紙・アップリケの図案は型紙A面に掲載。
- 出来上がり寸法
  幅24cm、深さ24cm、まち幅4cm

材料

木綿地
　表布(織り地風プリント)…50×70cm(本体表、表まち、表口布)
　別布(格子の織り柄)…45×60cm(表・裏持ち手)
　裏布(格子の織り柄)…80×90cm(本体裏、裏まち、裏口布、縫い代始末用のバイアス布2.5cm幅×150cmを含む)
　はぎれ数種…各適宜(本体のアップリケ、タブ)
キルト綿…50×110cm
中厚接着しん…45×30cm(後ろ本体、まち)
薄手接着しん…20×35cm(持ち手)
太幅のファスナー…長さ23cm　1本
25番刺しゅう糸　濃い・薄いグレー、にぶい黄色、モスグリーン、薄いモスグリーン、濃い緑…各少々

裁ち方

アップリケ布は0.3cm、持ち手、タブは0.7cm、表本体、表口布、表まちは1cm、各裏布、各キルト綿は3cmずつの縫い代をつけて裁つ。各接着しんは裁ち切りにする。

作り方

1. 前本体の表布にアップリケと刺しゅうをし、キルト綿、裏布を重ねてキルティングを入れる(寸法図参照)。
2. 後ろ本体の裏布に裁ち切りの中厚接着しんをはり(図1)、キルト綿を重ねてミシンキルトを入れる。前本体、後ろ本体ともダーツをミシンで縫い、図のように始末する(図2)。
3. タブを2種類の布で2本ずつ作る(図3)。
4. 表口布にキルト綿と裏布を重ねてキルティングをし、ファスナーをつける(図4)。
5. まちは表布にキルト綿と裏布を重ねてキルティングをし、タブ、口布の順に重ねてミシンをかける。さらに縫い代始末用のバイアス布を重ねて縫い、図のように始末する(図5)。
6. まちと本体を縫い合わせ、さらに本体側に縫い代始末用のバイアス布を重ねて縫い、図のように始末する(図6)。
7. 別布で持ち手を作り、本体の表側に縫いつける(図7・8)。

図1　後ろ本体の接着しん

寸法図

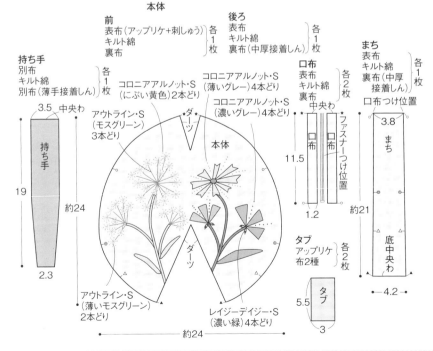

図2　ダーツの縫い方

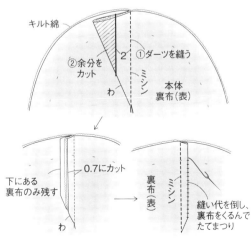

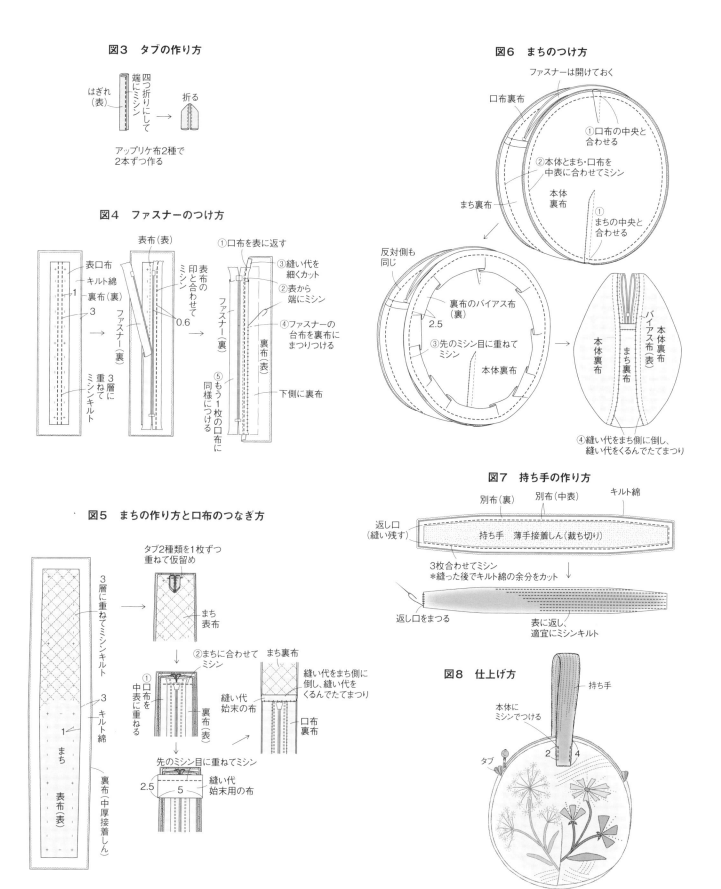

style 05 ロマンチックな花かご　p.20

- 実物大型紙・アップリケの図案は型紙B面に掲載。
- 出来上がり寸法
  幅28cm、深さ26cm、まち幅12cm

材料

木綿地
　表布(縦じまの織り柄)…30×40cm(本体)
　別布㋑(格子の織り柄)…30×40cm(各スカラップ、表底)
　別布㋺(格子の織り柄)…30×30cm(わき)
　別布㋩(格子の織り柄)…30×50cm(持ち手)
　当て布(適宜な布)…20×25cm(表底)
　裏布(格子の織り柄)…30×110cm(本体、わき、裏底)
　はぎれ数種…各適宜(本体のアップリケ)
キルト綿…40×110cm
厚手接着しん…20×30cm(表・裏底)
両面接着しん…20×25cm(裏底)
ドミットしん…22×37cm(持ち手)
ワックスコード　太さ0.5cm…80cm(持ち手)
25番刺しゅう糸　モスグリーン、紺、こげ茶…各少々

裁ち方

アップリケ布は0.3cm、表・裏底は1cm、表底の当て布とキルト綿は3cmの縫い代をつけ、スカラップ布、本体表、表わき、本体裏、裏わきは図1を参照。持ち手と各接着しんは裁ち切りにする。

作り方

1　前本体の表布にアップリケと刺しゅうをし、外回りにスカラップ布をアップリケする。後ろ本体は中央の図案なしで同様にスカラップ布をアップリケする(図2・3)。スカラップ布がついたらベースは0.5cm残してカットする。
2　裏布と1を中表に重ね、さらにキルト綿を重ねてスカラップの外側を縫う。縫い代を0.5cmぐらいにカットし、くぼみに切り込みを入れる(図4)。
3　表に返し、しつけをしてキルティングをする(図5)。
4　後ろ本体・わきも同様に縫う(図6)。
5　わきの上に本体を重ね、スカラップのきわに落としミシンをかけて筒状にする。縫い代はわきの裏布でくるんで始末する(図7)。
6　表底を図のように作り、作品1を参照して本体につける(図8)。
7　持ち手を作り、本体の裏側に縫いつける(図9・10)。

寸法図

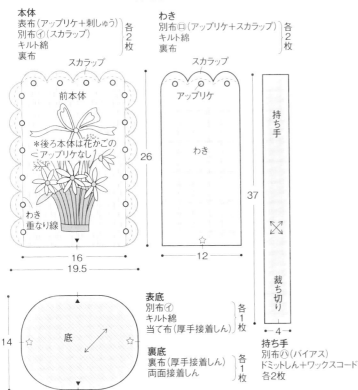

図1　各布の裁ち方

図2 スカラップ(内側)の縫い方
図3 スカラップ(内側)の縫い上がり
図4 スカラップ(外側)の縫い方

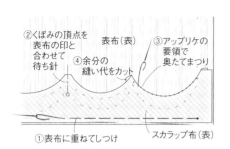

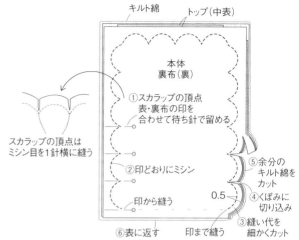

図5 前本体の縫い上がり
図6 わきの縫い上がり
図7 本体とわきの縫い合わせ方

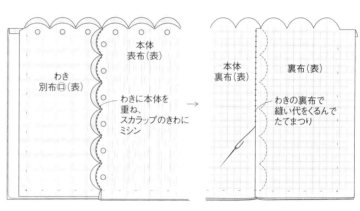

図8 表底の作り方
図9 持ち手の作り方
図10 仕上げ方

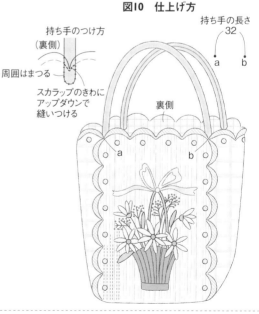

style 07 ドングリ大好き … p.24

- 実物大型紙・アップリケの図案は型紙A面に掲載。
- 出来上がり寸法　横幅約21cm、深さ約20cm、まち幅約5cm

材料

木綿地
　表布(織り柄)…70×50cm(前本体B、後ろ本体、口布、表まち、
　ひも通しループ)
　別布㋑(プリント)…20×20cm(前本体A)
　別布㋺(織り柄)…1cm幅　60cm(アップリケ用バイアス布)
　裏布(格子の織り柄)…60×40cm(前・後ろ本体、裏まち)
　はぎれ数種…各適宜(本体のアップリケ、ひも先飾り)
キルト綿…60×10cm(まち)
薄手キルト綿…50×60cm(前・後ろ本体、口布)
薄手接着しん…55×10cm(まち、ひも通しループ)
組ひも　0.3cm角…グレー、こげ茶…各80cm
25番刺しゅう糸　茶色、こげ茶、薄グレー、生成り…各少々

裁ち方

アップリケ布は0.3cm、口布は0.7cm、まちと表底の裏布と各キルト綿は3cm、その他の表・裏布、別布㋑は1cmの縫い代をつけ、ひも通しループの表布と接着しんは裁ち切りにする。

作り方

1. 前本体を図のように作り、アップリケと刺しゅうをする(図1)。
2. 表布でひも通しループを32本裁ち、16本に接着しんをはって、ひも通しを作る(図2)。
3. ひも通しループを表・裏本体ではさみづけ、表に返してキルティングをする(図3)。
4. 裏まちに薄手接着しん(裁ち切り)をはり、キルト綿と表まちを重ねてキルティングをし、3の本体と縫い合わせる。まず、前本体のまちつけ止まりからまちつけ止まりまでまちをつけ、次に後ろ本体に同様につけ、最後にまちつけ止まりから上の本体同士を縫う。縫い代は本体側に倒し、まちの裏布でくるんで始末する(図4)。
5. 表布で口布を2枚裁ち、それぞれ輪に縫う。2枚を中表に合わせ、さらに薄手キルト綿を重ねてジグザグ部分を縫い、縫い代を細くカットして表に返す。表口布と3のひも通しループを中表に合わせて縫い、裏口布を裏側にまつりつける(図5)。
6. 図を参照して仕上げる(図6)。

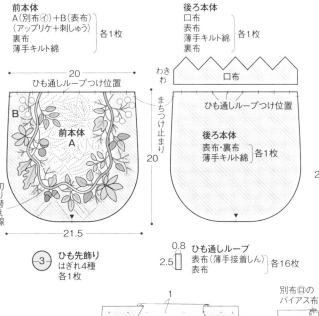

寸法図

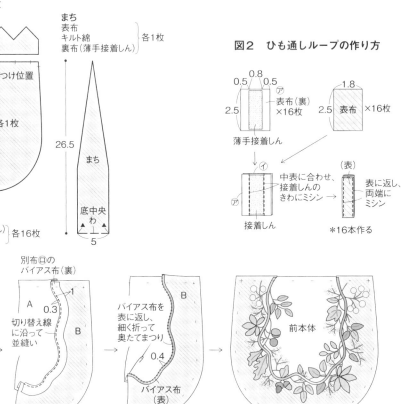

図1　前本体の作り方

図2　ひも通しループの作り方

図3　ひも通しループのつけ方

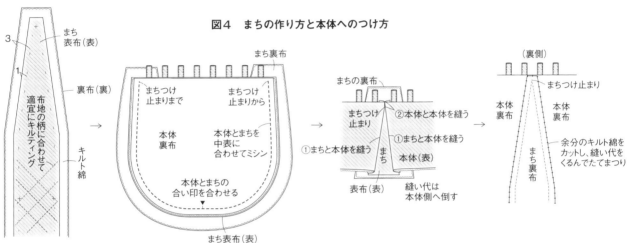

図4　まちの作り方と本体へのつけ方

図5　口布の作り方と本体（ひも通しループ）へのつけ方

図6　仕上げ方

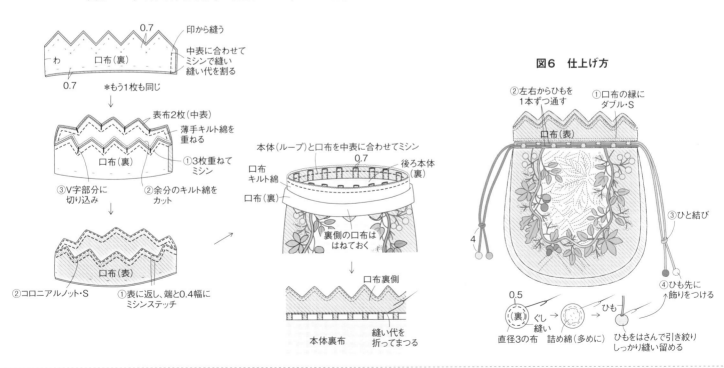

style 08 テントウムシとクローバー p.26

- 実物大型紙・アップリケ・刺しゅうの図案は型紙C面に掲載。
- 出来上がり寸法
  幅38cm、深さ27cm、まち5cm

材料
木綿地
  表布(織り柄)…90×80cm(表本体A・B、表まちa・b)
  別布①(格子の織り柄)…40×30cm(ファスナーポケット口のバイアス布・持ち手・タブ)
  裏布(葉のプリント)…110×90cm(本体A・B、裏まちa・b、仕切り布、縫い代始末用バイアス布)
  はぎれ1種…適宜(本体のアップリケ)
キルト綿…80×65cm
中厚接着しん…30×25cm(裏まちb、持ち手)
薄手接着しん…55×5cm(裏まちa)
両面接着シート…40×30cm(仕切り布)
太幅ファスナー 長さ50cm・37cm…各1本
リネン混テープ…2.5cm幅 50cm
ワックスコード…太さ0.2cm 50cm(ファスナー飾り用)
ビーズ 直径0.9cm 長さ2cm…各2個
25番刺しゅう糸 こげ茶色、茶色、オリーブ色、グリーン、モスグリーン、白、黒…各適宜

裁ち方
アップリケ布は0.3cm、持ち手は0.7cm、表本体A・Bと表まちa・bと仕切り布は1cm、裏布とキルト綿は3cmの縫い代をつけて裁つ。中厚接着しんと薄手接着しんと両面接着シートは裁ち切り、タブは図5を参照する。

作り方
1. 本体A・Bの表布にアップリケ刺しゅうをし、それぞれキルト綿、裏布を重ねてキルティングをする(寸法図参照)。
2. 本体Bのポケット口にファスナーをつける(図1)。
3. 本体Aのポケット口をパイピングして片側のファスナーをつける(図2)。
4. 仕切りを作り、本体の出来上がり線と合わせて裏側を重ね、仕切りの底側をまつる(図3)。
5. まちaを作る(図4)。
6. タブを作り、まちaの両わきに仮留めをする(図5)。
7. まちbの表布と中厚接着しんをはった裏布を中表に合わせ、キルト綿を重ねる。間にまちaをはさんで端を縫う。縫い代を0.7cmにカットしてまちbを表に返し、ミシンキルトをする(図6)。
8. 持ち手を作り、本体に仮留めをする(図7)。
9. 本体とまちaの中央を中表に合わせて縫う。縫い代は0.7cmにカットして2.5cm幅のバイアス布でくるんで始末する(図8)。
10. 仕上げ方図を参照して仕上げる。

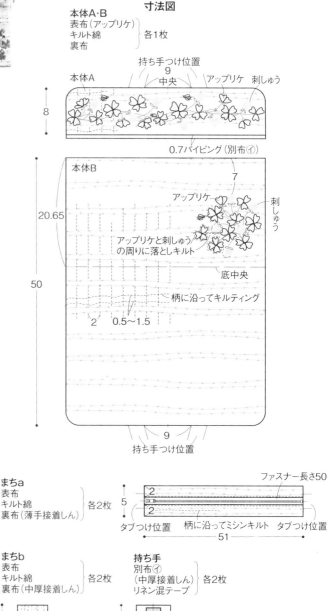

図1　本体B　ファスナーのつけ方

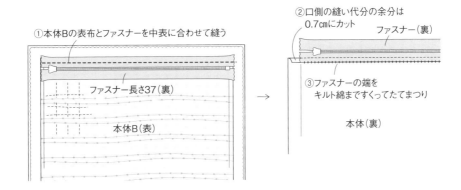

図2　本体A　ファスナーのつけ方

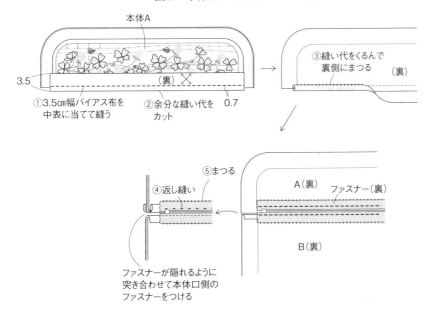

図3　仕切りの作り方とつけ方

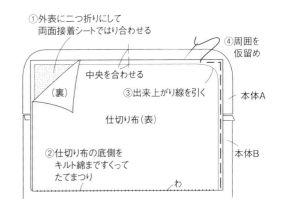

図4　まちaの作り方

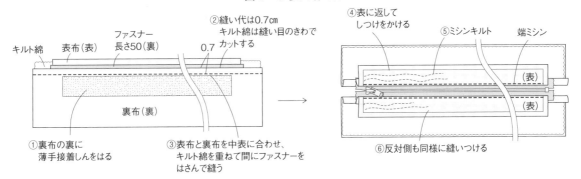

図5 タブの作り方とつけ方

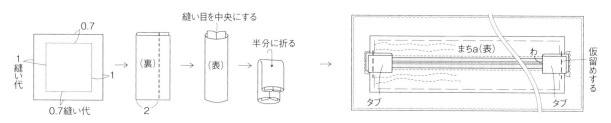

図6 まちaとbのまとめ方

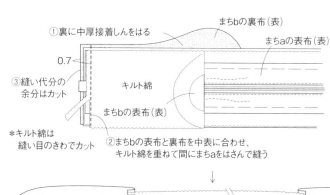

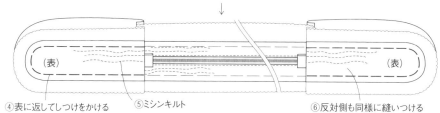

図7 持ち手の作り方とつけ方

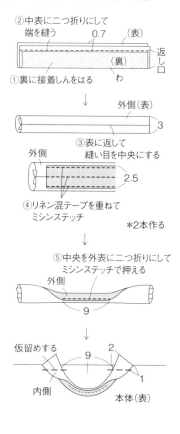

図8 本体のまちのまとめ方

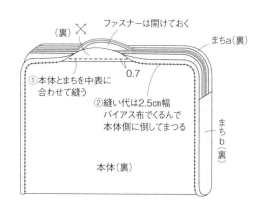

仕上げ方

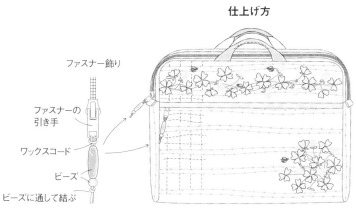

style 19 バスケット ポートレート　p.47

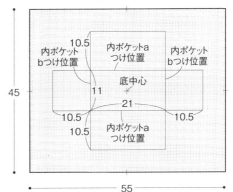

- 実物大型紙・アップリケ図案は型紙A面に掲載。
- 出来上がり寸法
  幅32cm、深さ14cm、底21×11cm

材料

ハードチュール…55×45cm(本体)
木綿地
　表布(木目のプリント)…30×20cm(表底)
　別布①(かご編みのプリント)…85×30cm(内ポケットa・b)
　別布◎(はなびらのプリント)…35×10cm(持ち手)
　別布㋩(格子の織り柄)…30×20cm(外ポケットA・B　口のパイピング)
　別布㊁(格子の織り柄)…20×20cm(本体口側のパイピング)
　別布㋭(無地)…30×15cm(縫い代始末用バイアス布)
　裏布(格子の織り柄)…55×45cm(外ポケットA・Bと底を縫い合わせた裏)
　はぎれ数種…各適宜(外ポケットA・Bのパッチワーク・アップリケ)
キルト綿…55×45cm
中厚接着しん…25×5cm(持ち手)
25番刺しゅう糸　モスグリーン、黒…各適宜

裁ち方

アップリケ布は0.3cm、パッチワーク用ピースは0.7cm、内ポケットa・bと底の表布は1cm、裏布とキルト綿は3cmの縫い代をつけて裁つ。
持ち手用布、本体布のハードチュール、中厚接着しんは裁ち切りにする。

作り方

1. ピースワークとアップリケ、刺しゅうをして外ポケットA・Bの表布を各2枚作り、底布と印から印まで縫い合わせて表布を作る。
2. 表布、キルト綿、裏布を合わせてキルティングをして表布を作る(寸法図参照)。
3. ポケット口の縫い代を3.5cm幅バイアス布で0.7cm幅にくるみパイピング仕上げにする(図1)。
4. 内ポケットa・bを各2枚作る(図2)。
5. 本体用ハードチュールに底の出来上がり線を写して内ポケットa・bをそれぞれ重ね、底側と仕切りを縫う(図3)。
6. 内ポケットをつけた本体の外側に、底中心を合わせて3を外表に重ね、表底にミシンキルトする(図4)。
7. 両わきのまち部分4か所を中表につまんで縫う。縫い代は0.5cmにカットして3cm幅のバイアス布でくるみ端ミシンをする(図5)。
8. 持ち手を作る(図6)。
9. 本体の口を外ポケット口から3cm上でカットして内側に持ち手をつけて、口を3.5cm幅バイアス布でくるみパイピング仕上げにする(図7)。

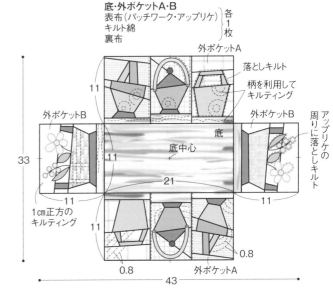

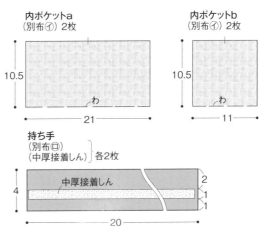

図1　外ポケット口のバイアス布のつけ方

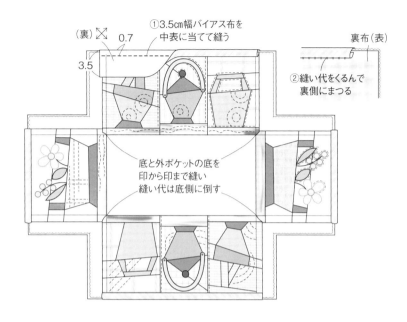

①3.5cm幅バイアス布を中表に当てて縫う
②縫い代をくるんで裏側にまつる
底と外ポケットの底を印から印まで縫い縫い代は底側に倒す

図2　内ポケットの作り方

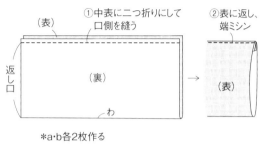

①中表に二つ折りにして口側を縫う
②表に返し、端ミシン

*a・b各2枚作る

図3　内ポケットのつけ方

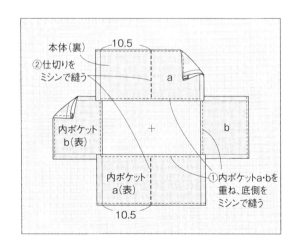

本体(裏)
②仕切りをミシンで縫う
①内ポケットa・bを重ね、底側をミシンで縫う

図4　本体と底・外ポケットのつけ方

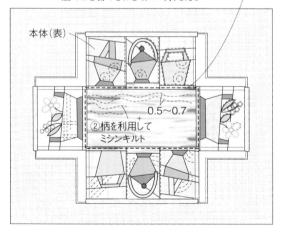

①本体の表側に底中心を合わせて底・外ポケットを重ね、底のはぎ目のきわをミシンで押さえる
②柄を利用してミシンキルト

図5　まちの縫い方

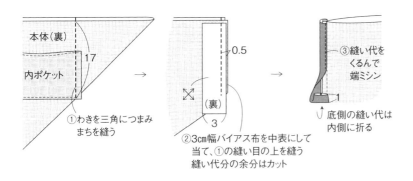

図6　持ち手の作り方

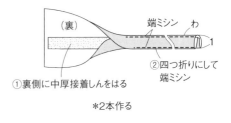

図7　持ち手のつけ方と口の始末

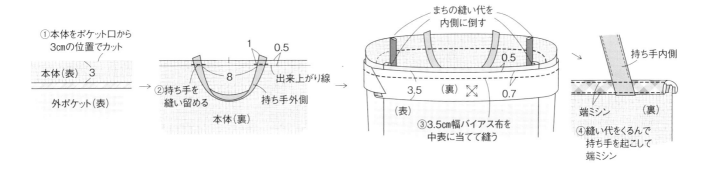

出来上がり

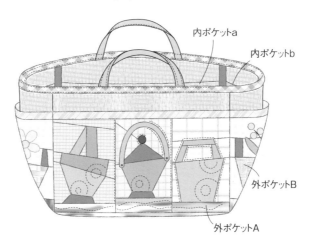

style 09 まるい花々 … p.28

- 実物大型紙・図案は型紙D面に掲載。
- 出来上がり寸法
  口幅24cm、深さ19cm、底10×30cm

材料
木綿地
　表布(プリント)…45×45cm(本体表)
　別布㋑(織り柄)…110cm幅　45cm(本体裏、裏底、見返し、
　　まちの縫い代を始末用バイアス布)
　別布㋺(織り柄)…35×15cm(表底)
　別布㋩(織り柄)…70×15cm(表・裏持ち手)
　別布㋥(織り柄)…3.5cm幅バイアス　21cmを2本(わきを
　　くるむバイアス布)
　はぎれ数種…各適宜(アップリケ)
キルト綿…90×45cm
厚手接着しん…30×10cm(底)
薄手接着しん…65×10cm(持ち手、見返し布)
ファスナー…長さ23cm　1本
ワックスコード…太さ0.3cm　55cm

裁ち方
アップリケ布は0.3〜0.5cm、茎のアップリケ布は1.2cm幅のバイアスに、表布は0.7cm、そのほかは3cmの縫い代をつけて裁つ。各接着しん、わきを始末するパイピング布は裁ち切り。

作り方
1 実物大型紙と寸法図を参照して、各パーツを裁つ。
2 本体表布にアップリケをし、刺しゅうを入れる。裏布・キルト綿・表布の3層に重ねてしつけをかけ、キルティングをする(寸法図参照)。
3 底の裏布の裏に厚手接着しんをはり、キルト綿、表布の3層に重ねてしつけをかけ、ミシンキルトを入れる。
4 本体の口側に見返し布とファスナーをつける(p.81参照・図1)。
5 本体と底を中表に合わせ、印から印位置を縫う。縫い代は本体の裏布でくるみ、底側に倒してまつる(図2)。
6 本体は外表に2つに折り、わきを縫う(図2)。縫い代はわきをくるむバイアス布でくるんでパイピング仕上げにする(図3)。
7 まちを縫い、2.5cm幅のバイアス布(別布㋑)で縫い代をくるんで始末をする(図4)。
8 持ち手を作り(図5)、本体のわきに縫いつける(図6)。出来上がり。

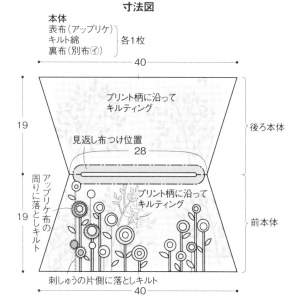

寸法図

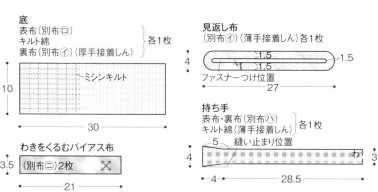

図1　ファスナーのつけ方

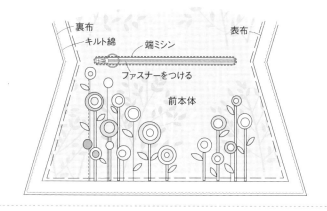

図2 底を縫い合わせる

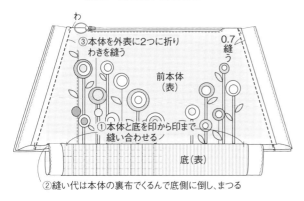

図3 わきの始末をする

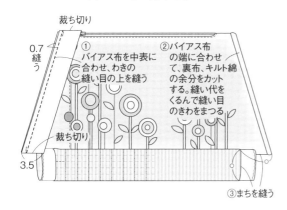

図4 まちの縫い代の始末の仕方

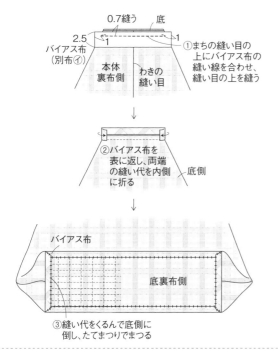

図5 持ち手を作る

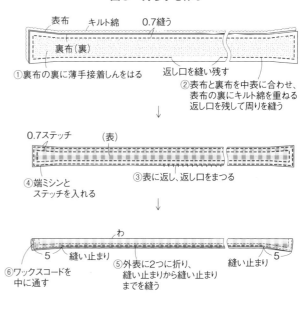

図6 持ち手をつけ、出来上がり

style 10 リース レター p.30

- 実物大型紙は型紙D面に掲載。
- 出来上がり寸法　幅11cm、深さ11cm、まち幅3.5cm

材料
木綿地
　表布(織り柄)…15×15cm(前本体)
　別布①(織り柄)…25×25cm(後ろ本体表、表まち)
　別布②(織り柄)…5×30cm(持ち手、タブ)
　別布③(プリント)…110cm幅　15cm(前本体、裏まち、縫い代をくるむバイアス布)
　はぎれ数種…各適宜(アップリケ、持ち手の飾り)
キルト綿…25×25cm
薄手接着しん…30×5cm(まちA、持ち手)
中厚接着しん…15×25cm(後ろ本体、まちB)
25番刺しゅう糸　生成り、淡いモスグリーン…各適宜
ナスカン　シルバー…内径1cm、高さ3cm　1個
Dカン　シルバー…内径1×0.7cm　1個
ファスナー…長さ16cm　1本

裁ち方
アップリケ布は0.3〜0.5cm、本体・まちA、Bのキルト綿・裏布は3cm、持ち手は1cm、そのほかは0.7cmの縫い代をつけて裁つ。タブ・持ち手の飾り・各接着しんは裁ち切り。

作り方
1. 実物大型紙と寸法図を参照して各パーツを裁つ。
2. 前本体表布はアップリケと刺しゅうをする。裏布・キルト綿の3層に重ねてしつけをかけ、キルティングをする(寸法図参照)。
3. 後ろ本体裏布の裏に中厚接着しんをはり、表布・キルト綿の3層に重ねてミシンでキルティングをする(寸法図参照)。
4. 図1を参照してまちAを作る。
5. 図2を参照してまちBを作る。
6. タブ(図3)と持ち手(図4)を作る。
7. 持ち手とタブをまちAに仮留めする。まちAとまちBを縫い合わせる。縫い代は2.5cm幅バイアス布(別布③)でくるんで、まちB側に倒してまつる(図5)。
8. 本体と7のまちを中表に合わせ、合い印を合わせて待ち針を打つ。しつけをかけ、ミシンでぐるりと縫う。縫い代は2.5cm幅バイアス布(別布③)でくるんで始末をする(図6)。
9. 表に返して整える。持ち手の一方にナスカンをはさんで2つに折り、持ち手の飾りでくるんで始末する(図7)。出来上がり。

寸法図

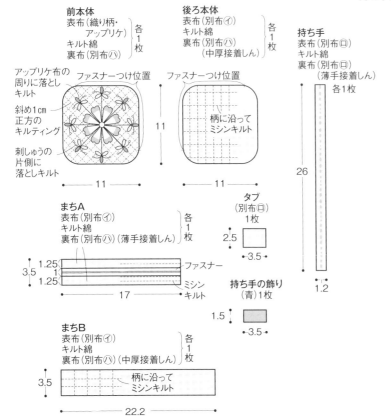

図1　まちAの作り方

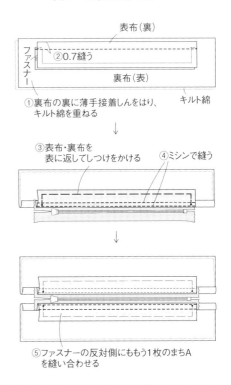

図2 まちBの作り方

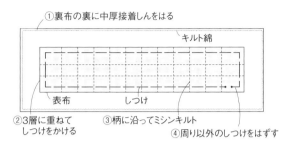

① 裏布の裏に中厚接着しんをはる
② 3層に重ねてしつけをかける
③ 柄に沿ってミシンキルト
④ 周り以外のしつけをはずす

図3 タブの作り方

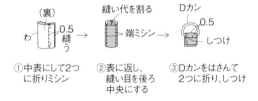

① 中表にして2つに折りミシン
② 表に返し、縫い目を後ろ中央にする
③ Dカンをはさんで2つに折り、しつけ

図4 持ち手の作り方

① 裏布の裏に薄手接着しんをはる
② 3層に重ねてミシン
③ 表布・裏布は縫い代を0.5cmに切り落とす
④ キルト綿は縫い目から0.1cm残してカット
⑤ 表に返して端ミシン

図5 まちA・Bの縫い合わせ方

① 仮留めする
② 中表に合わせて出来上がり線を縫う
③ 縫い代は2.5cm幅バイアス布でくるんでまちB側に倒し、まつる
④ 反対側のも同様に縫う

図6 本体とまちの縫い合わせ方

① まちと本体を中表に縫い合わせる
② 縫い代は2.5cm幅バイアス布でくるんで本体側に倒してまつる

ファスナーは途中まであけておく

図7 仕上げ方

縫い留める
持ち手の飾り — 三つ折りする
ナスカンをはさんで2つに折り、持ち手の飾りを巻いて縫い留める

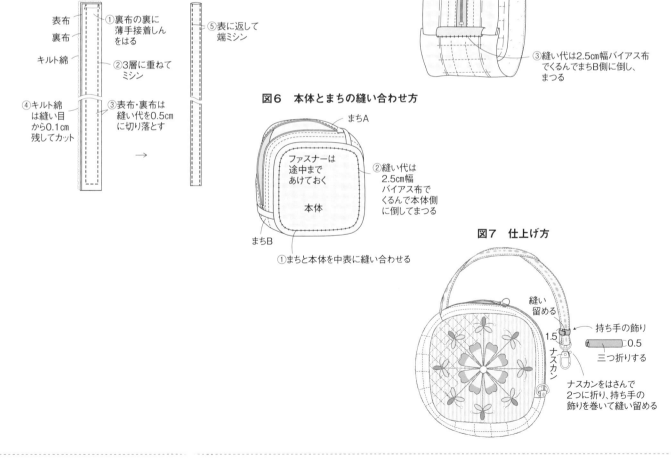

style 11 秋色のシンフォニー　p.32

- 前本体の実物大型紙は型紙B面に掲載。
- 出来上がり寸法　幅49cm　深さ33cm

材料
木綿地
　表布(織り柄)…110×50cm(前本体A、後ろ本体、外ポケット、ファスナー飾り)
　別布(縦じま織り柄)…35×35cm(ポケット口のパイピング)
　裏布㋑(格子の織り柄)…110×50cm(前本体A、後ろ本体、仕切り布a)
　裏布㋺(格子の織り柄)…110×45cm(前本体B、外ポケット、仕切り布b)
　はぎれ数種…各適宜(前本体Bのパッチワーク)
キルト綿…100×65cm
中厚接着しん…90×60cm(前本体A、後ろ本体、外ポケット)
両面接着シート…45×30cm(仕切り布)
ファスナー…長さ43cm・41cm　各1本
革…25×5cm(持ち手)
木製葉形パーツ…大・小各1個(ファスナー飾り)
ワックスコード…太さ0.3cm　適宜(ファスナー飾り)
25番刺しゅう糸　生成り、ベージュ、サーモンピンク、茶色、青、グレー、オリーブ…各適宜

裁ち方
パッチワーク用ピースは0.7cm、前本体A・Bと後ろ本体、仕切り布は1cm、裏布とキルト綿は3cmの縫い代をつけて裁つ。中厚接着しんと両面接着シート、持ち手は裁ち切りとする。

作り方
1. ピースワークをして本体Bを作り、キルト綿、裏布を重ねてキルティングをする。図案を写して刺しゅうをする(実物大型紙・寸法図参照)。
2. 前本体A・後ろ本体・外ポケットの表布とそれぞれキルト綿、中厚接着しんをはった裏布を重ねてミシンキルトする(寸法図参照)。
3. 本体AとBのポケット口をパイピングする(図1)。
4. 仕切り布aとbを中表に合わせ、間にファスナーを中表に合わせた本体Bを仕切り布aと中表になるようにはさんで縫う。仕切り布を表に返して仕切り布aとbの間に両面接着シートを入れて、アイロンで接着させる(図2)。
5. 本体Aの口側にファスナーの片側をつける(図3)。
6. 外ポケットのダーツを縫い、口側にファスナーをつける(図4)。
7. 図3を参照して本体Bの口側にファスナーの片側をつけて、前本体をまとめる(図5)。
8. 持ち手を作り、本体Aに仮留めする(図6)。
9. 前本体と後ろ本体を中表に縫い合わせ、後ろ本体の裏布のみを残して縫い代を0.7cmにカットする。残した後ろ本体の裏布で縫い代をくるんで始末する(図7)。

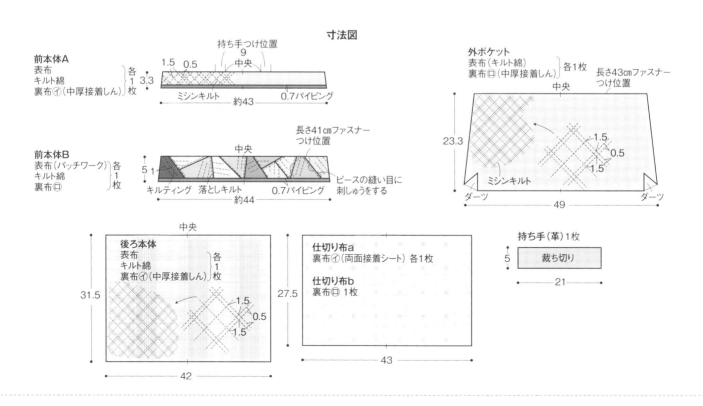

寸法図

図1　本体A・Bのパイピングのつけ方

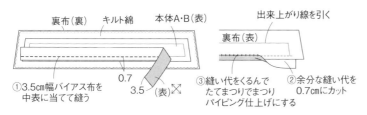

図2　本体Bのファスナーと仕切り布のつけ方

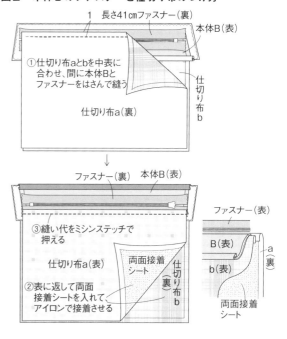

図3　本体Aのファスナーのつけ方

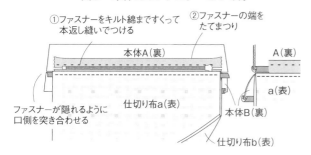

図4　外ポケットのダーツの縫い方とファスナーのつけ方

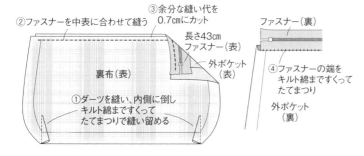

図5　前本体のまとめ方

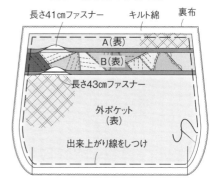

図6　持ち手の作り方とつけ方

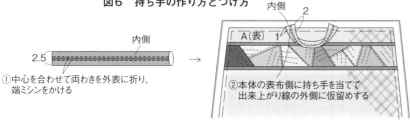

図7　本体の縫い方と縫い代の始末

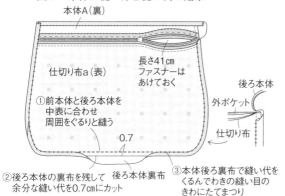

仕上げる

style 12 貝殻のうずまき　p.34

- 実物大型紙は型紙C面に掲載。
- 出来上がり寸法　幅40cm、深さ20cm、まち幅(底中央)9cm

材料
木綿地
　表布(織り柄)…33×55cm(後ろ本体表、表口布)
　別布(プリント)…15×12cm(タブ)
　裏布(織り柄)…65×110cm(本体裏、裏まち、裏口布、
　　縫い代始末用のバイアス布2.5cm幅×200cmを含む)
　はぎれ数種…各適宜(前本体A・B、まちのトップ)
キルト綿…70×110cm
厚手接着しん…10×63cm(まち)
中厚接着しん…25×45cm(後ろ本体、口布)
薄手接着しん…6×8cm(タブ)
太幅のファスナー　長さ31cm　1本
合皮製持ち手　長さ23cm　1組
25番刺しゅう糸　グレー…適宜

裁ち方
アップリケ布は0.3cm、パッチワークの各ピースは0.7cm、表本体、表口布は1cm、各裏布、各キルト綿は3cmずつの縫い代をつけて裁つ。タブ、各接着しんは裁ち切りにする。

作り方
1. 前本体A・Bはパッチワークと刺しゅうをしてトップを作り、キルト綿と裏布を重ねてキルティングをする(図1)。
2. 後ろ本体A・Bは表布に中厚接着しんをはり、キルト綿と裏布を重ねてミシンキルトをする(図2)。
3. 前・後ろ本体のA・Bをそれぞれ縫い合わせ、表側に持ち手を仮留めする(図3・4)。
4. 口布を作ってファスナーをつける(図5)。
5. タブを作り、ファスナーの両端に仮留めする(図6)。
6. まちはパッチワークと刺しゅうをしてトップを作り、キルト綿と裏布を重ねてキルティングをし、口布とつなぐ(図7)。
7. まちと本体を中表に合わせて縫い合わせ、さらに口布側に縫い代始末用のバイアス布を重ねて縫い、図のように始末する(図8)。
8. 出来上がり。

寸法図

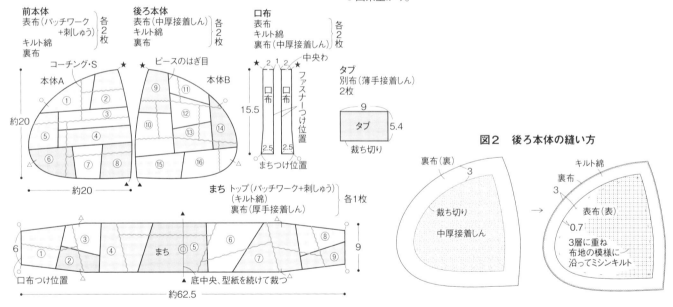

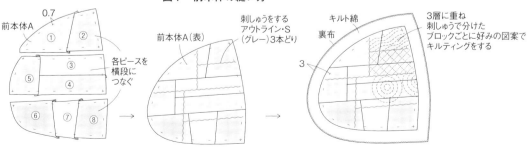

図1　前本体の縫い方

図3　本体A・Bのつなぎ方

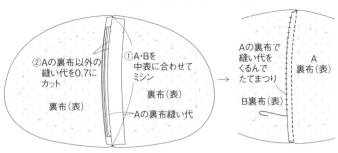

図4　持ち手のつけ方

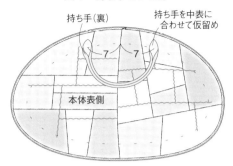

図5　口布の作り方とファスナーのつけ方

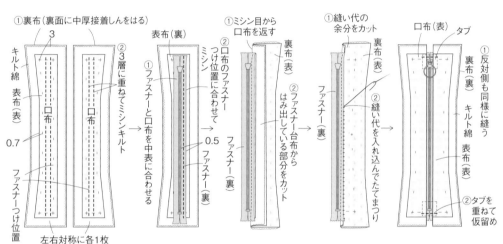

図6　タブの作り方

図7　まちの作り方と口布のつなぎ方

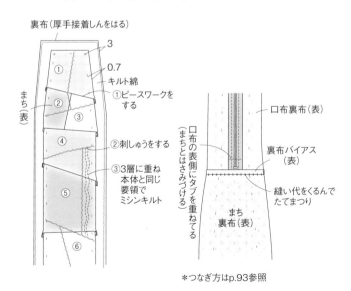

図8　まちと本体のつなぎ方

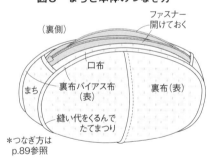

出来上がり

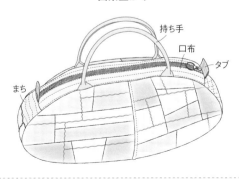

style 13 花の音 >>> p.36

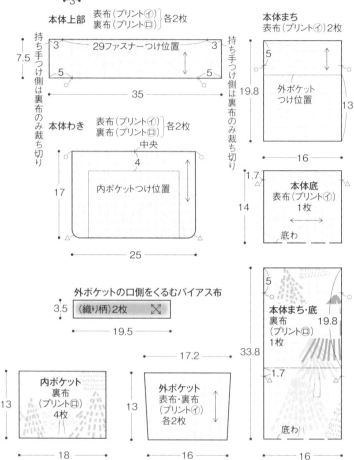

- 実物大型紙は型紙D面に掲載。
- 出来上がり寸法 幅25cm、深さ17cm、まち幅16cm
- コサージュの材料、作り方はp.79に掲載。

材料
木綿地
　表布(プリント㋑)…110cm幅　60cm(本体上部・わき・まち・表底、外ポケット、ファスナーの先布)
　裏布(プリント㋺)…110cm幅　50cm(本体上部・わき・まち・底、内ポケット、ファスナーの先布)
　別布(織り柄)…40×40cm(持ち手、外ポケットの口側をくるむバイアス布)
厚手接着しん…35×8cm(表持ち手)
薄手接着しん…35×8cm(裏持ち手)
ファスナー…長さ28cm　1本

裁ち方
外ポケットの口側をくるむバイアス布、持ち手の厚手・薄手接着しん、本体上部裏布のわきは裁ち切り、そのほかは1cmの縫い代をつけて裁つ。

作り方
1 実物大型紙と寸法図を参照して、各パーツを裁つ。
2 ファスナーに先布をつけ、本体上部布と縫い合わせて、表布を作る(図1)。
3 外ポケット2枚を外表に合わせ、口側をバイアス布でくるんでパイピング始末をする(図2)。本体まち表布と底布は外ポケットをはさんで縫い合わせ、1枚布にする(図3)。
4 本体わき表布と3のまちを縫い合わせる(図4)。次に本体上部と印から印まで縫い合わせる(図5)。
5 内ポケットを作り、本体わき裏布に縫い留める(図6)。2枚作る。
6 本体わき裏布とまち裏布を縫い合わせ、次に上部裏布を縫い合わせる(図4参照)。
7 本体裏の中に本体表を外表にして入れ、上部裏布のファスナーつけ側を出来上がりに折る。先布の部分をまつり、そのほかはしつけをかけて留める(図7)。表布に返してファスナーのきわに端ミシンをかける。もう一度裏返し、まちの上端と上部布の端を合わせて縫う。
8 持ち手の表布の裏に厚手接着しん、裏布に薄手接着しんをはり、それぞれ出来上がりの形に折っておく。2枚を外表に合わせ、4cm内側に端ミシンをかける(図8)。持ち手の先でまち・本体上部をはさんで端ミシンをかけ、ミシンステッチをかける。持ち手を2つに折り、ステッチで留めて仕上げる(図9)。

寸法図

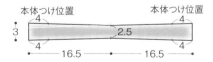

図1 本体上部にファスナーをつける

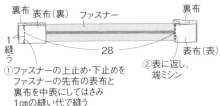

図2 外ポケットを作る

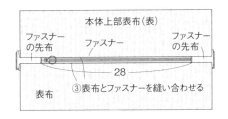

図3 まち表布と底表布を縫い合わせる

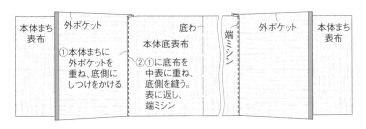

図4 本体わきとまちを縫い合わせる

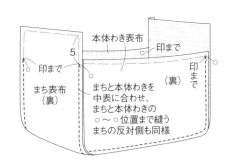

図5 まちと本体わき布に上部布を縫い合わせる

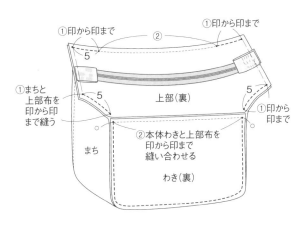

図6 内ポケットをつける

図7 本体上部表布に裏布をつける

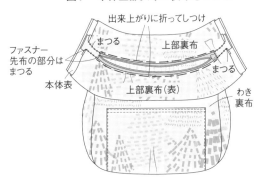

図8 持ち手を作る

図9 持ち手をつける

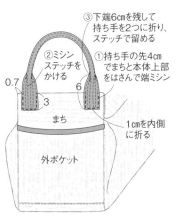

style 14 空にかかる橋 → p.38

- 実物大型紙は型紙D面に掲載。
- 出来上がり寸法 幅28cm、深さ20cm

材料
木綿地
　土台布(木目のプリント)…45×35cm(前本体表)
　テープ用布9種…各適宜(前本体表のアップリケ)
　表布(起毛の織り柄)…50×50cm(表ふた、後ろ本体)
　別布(格子の織り柄)…35×30cm(後ろ本体の当て布、パイピングコードのバイアス布)
　裏布(格子の織り柄)…60×45cm(後ろ本体裏、縫い代始末用バイアス布)
キルト綿…90×40cm
中厚接着しん…45×35cm(後ろ本体裏、当て布)
太幅ファスナー　35cm…1本
リネン混テープ…2.5cm幅　160cm(肩ひも・ループ)
ワックスコード…太さ0.3cm　115cm(パイピングコードのしん)
角カン・調節金具…内寸2.4cm　各1個

裁ち方
当て布は0.7cm、本体土台布と表布は1cm、裏布とキルト綿は3cmずつの縫い代をつけて裁つ。テープa〜f・中厚接着しんは裁ち切りにする。

作り方
1. a〜fのテープを作る(図1)
2. 前本体の土台布に図案を写し、テープを編みながら重ねてしつけで仮留めし、アップリケをする(図2)。キルト綿、裏布を重ねてキルティングをする(寸法図参照)。
3. ファスナーの両わきを折り、前本体の中央とファスナーの中央を中表に合わせて、2.5cm幅バイアス布を重ねて縫う。縫い代は0.7cmにカットし、バイアス布でくるんでまつる(図3)。
4. ダーツを縫う。内側に倒し、キルト綿まですくって、たてまつりで縫い留める(図3)。
5. ふた・後ろ本体の表布にキルト綿、中厚接着しんをはった裏布を重ねてミシンキルトをする。
6. ふた・後ろ本体に当て布を重ね、リネン織テープと角カンを通したループをはさみつける(図4)。
7. 別布でパイピングコードを作り、ふた後ろ本体の周囲にミシンでつける(図5)。
8. 前本体と後ろ本体の底中央を中表に合わせて縫い、ファスナーの片側をふたにつける。縫い代は0.7cmにカットし、2.5cm幅のバイアス布でくるんで始末する(図6)。
9. リネン混テープに調節金具を通して角カンに通し、肩ひもを作る(図7)。

寸法図

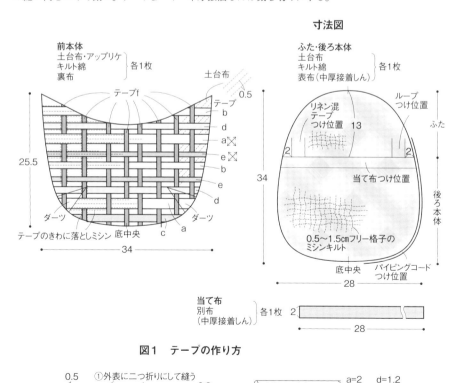

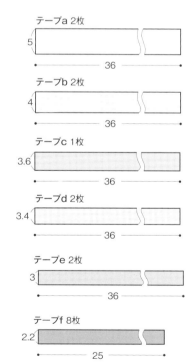

図1　テープの作り方

a=2　　d=1.2
b=15　 e=1
c=1.3　f=0.8

図2　前本体のまとめ方

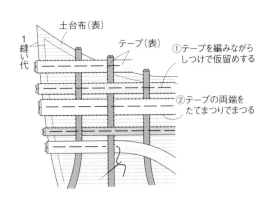

図3　前本体のファスナーのつけ方とダーツの縫い方

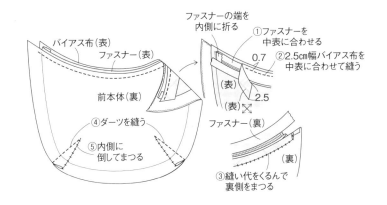

図4　当て布の作り方

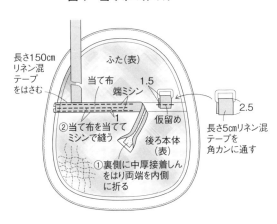

図5　パイピングコードの作り方とつけ方

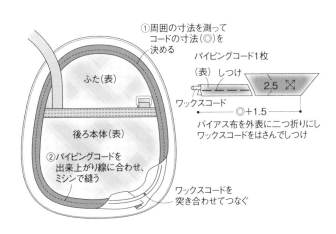

図6　本体の仕立て方とふたのファスナーのつけ方

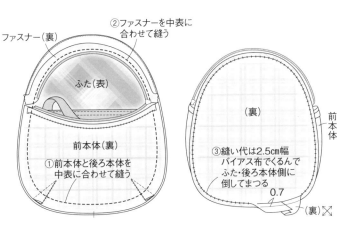

図7　肩ひもの作り方

style 15 星空にのびる木 >>> p.40

- 実物大型紙・図案は型紙D面に掲載。
- 出来上がり寸法　幅30cm、深さ19cm、まち幅8cm
- ファスナーのつけ方はp.80に掲載。

材料

木綿地
　表布(織り柄)…110cm幅　35cm(前本体、表まちA・B)
　別布①(織り柄)…110cm幅　70cm(前本体裏、裏まちA・B、
　　仕切り布、見返し、縫い代をくるむバイアス布)
　別布②(織り柄)…10×10cm(タブ)
　はぎれ数種…各適宜(アップリケ)
キルト綿…90×80cm
薄手接着しん…30×5cm(見返し)
中厚接着しん…40×30cm(後ろ本体、まちA、タブ)
厚手接着しん…55×10cm(まちB)
25番刺しゅう糸　黒…適宜
ファスナー…長さ22cm、長さ39cm　各1本
リネン混テープ　チャコールグレー…3.8cm幅　150cm(ショルダーひも)
角カン　黒…内寸3.8cm　2個
調節金具　黒…1個

裁ち方

各パーツの接着しん、タブは裁ち切り。各パーツの裏布、キルト綿は3cm、アップリケ布は0.3cm、そのほかは0.7cmの縫い代をつけて裁つ。

作り方

1 実物大型紙と寸法図を参照して各パーツを裁つ。
2 前本体表布にアップリケと刺しゅうをする。裏布・キルト綿・表布の3層に重ねてしつけをかけ、キルティングをする(寸法図参照)。
3 後ろ本体は裏布の裏に中厚接着しんをはり、3層に重ねてミシンキルトを入れる。
4 見返し布の裏に薄手接着しんをはる。p.80を参照して前本体と縫い合わせ、ファスナーをつける(図1)。
5 4の前本体の裏に仕切り布を重ねて周りにしつけをかける(図2)。
6 まちAを作る(作り方はp.75参照)。タブを作り(図3)、まちAの両わきにしつけをかけて留める(図4)。
7 まちBは裏布・キルト綿・表布の3層に重ねてしつけをかけ、ミシンキルトを入れる(寸法図参照)。まちAと縫い合わせて筒状にする。縫い代は2.5cm幅バイアス布(別布①)でくるんで始末をする(p.76～77参照・図5)。
8 本体と7のまちを縫い合わせる。縫い代は2.5cmバイアス布(別布①)でくるんで本体側に倒してまつる(p.78参照・図5)。
9 長さ150cmのリネン混テープを一方の角カンに通す。さらに調節金具に入れて、もう一方の角カンに通して端を折り返し、ミシンで縫い留める(図6)。出来上がり。

寸法図

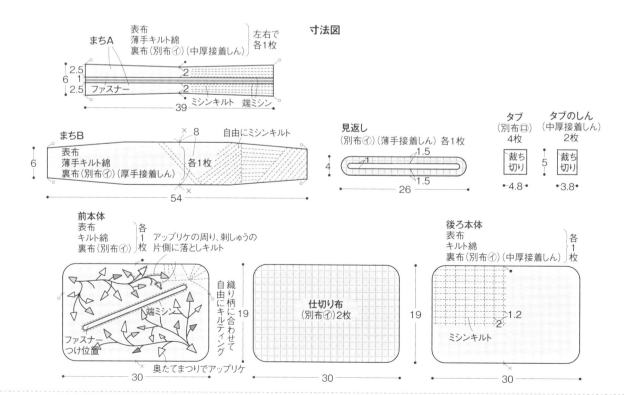

図1　見返しをつける

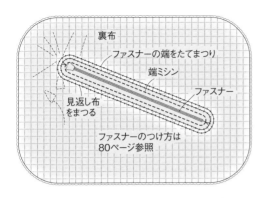

図5　本体とまちを縫い合わせ、縫い代の始末をする

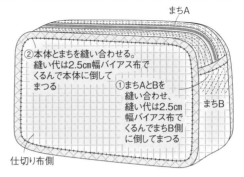

図2　前本体に仕切り布をつける

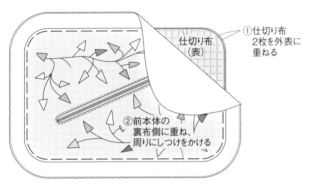

図6　ショルダーひもをつけ、仕上げる

図3　タブを作る

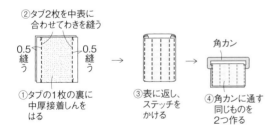

図4　まちAにタブを仮留めする

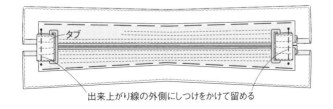

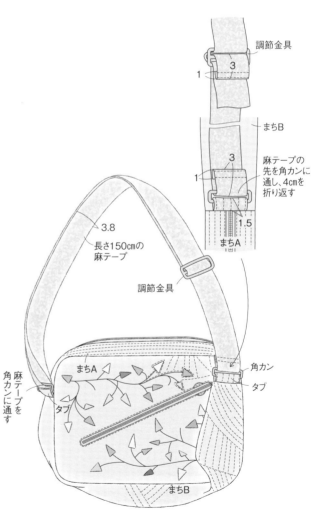

style 16 ソーイングライフ p.42

- 実物大型紙・アップリケ図案は型紙B面に掲載。
- 出来上がり寸法
  幅23cm、深さ27cm、まち幅13cm

材料
木綿地
　表布(織り柄)…25×60cm(本体表)
　別布㋑(織り柄)…23×75cm(表まち、裏外ポケット)
　別布㋺(織り柄)…20×35cm(表外ポケット)
　別布㋩(織り柄)…60×90cm(本体裏、裏まち、縫い代をくるむバイアス布)
　別布㋥(織り柄)…5×65cm(持ち手)
　はぎれ数種…各適宜(アップリケ)
薄手キルト綿…60×105cm(本体、まち、外ポケット)
ナイロンテープ…2cm幅　130cm
25番刺しゅう糸　赤、グレー、濃いグレー、黒、生成り、青…各適宜
5番刺しゅう糸　茶色…適宜
ハトメ　茶色…内径1.3cm　4個

裁ち方
持ち手Bは裁ち切り、アップリケ布は0.3〜0.5cm、表布、まち・外ポケットの口側は0.7cm、そのほかは3cmの縫い代をつけて裁つ。

作り方
1 実物大型紙と寸法図を参照して各パーツを裁つ。
2 本体表布にアップリケをし、刺しゅうを入れる。裏布・薄手キルト綿・表布の3層に重ねてしつけをかけ、キルティングをする(寸法図参照)。
3 まちを作る。表布・裏布・薄手キルト綿の順に重ねて待ち針を打ち、口側を縫う。薄手キルト綿は縫い目から0.1cmを残してカットする。
4 表に返し、しつけをかける。キルティングをし、周り以外のしつけをはずす。中表に2つに折り、口側中央を0.5cmつまんでミシンで縫い、タックをとる(図1)。同様にしてもう1枚作る。
5 外ポケットもまちと同様にして作る(図2)。
6 まちの上に外ポケットを重ね、出来上がり線を合わせてしつけをかける(図3)。
7 本体と6のまちを中表に合わせ、印から印位置まで縫い合わせる。反対側のわきも同様にする。裏布・薄手キルト綿の縫い代の余分は表布に合わせてカットする。縫い代を2.5cm幅バイアス布(別布㋩)でくるんで始末をする(図4)。
8 口側の縫い代も2.5cm幅バイアス布(別布㋩)でくるんで始末する(図5)。
9 持ち手Aの上に1.2cm幅に折った持ち手Bを中央にのせ、両端をミシンで縫い留める(図6)。本体にハトメの内径の大きさの穴をあけ、ハトメをはめる。2本作り、ハトメに通して縫い留める(図7)。出来上がり。

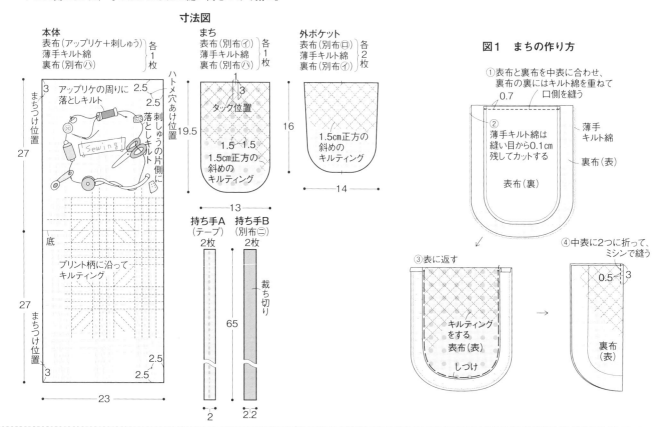

図2　外ポケットの作り方

図3　まちと外ポケットの合わせ方

図4　本体とまちの縫い合わせ方

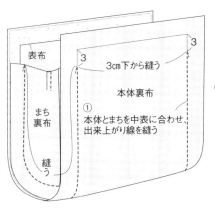 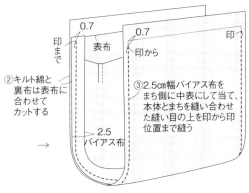 

図5　口側の始末の仕方

 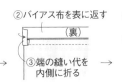 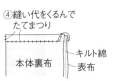

図6　持ち手の作り方

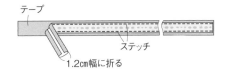

図7　仕上げ方

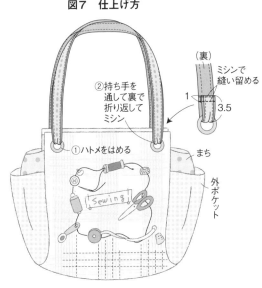

style 17 クジラの冒険 → p.44

- 実物大型紙・アップリケの図案は型紙B面に掲載。
- 出来上がり寸法　横19cm、深さ36cm、底直径18cm

材料
木綿地
　表布㈰(織り柄)…20×25cm(本体表A)
　表布㈪(織り柄)…20×40cm(本体表B)
　表布㈫(プリント)…20×50cm(本体表C)
　表布㈬(織り柄)…30×80cm(本体表D、表本体下部、表底、持ち手)
　別布㈭(織り柄)…35×15cm(持ち手)
　別布㈮(プリント)…5×10cm(タブ)
　当て布…20×20cm(表底)
　裏布(プリント)…55×110cm(本体上部、本体下部、裏底、
　　縫い代始末用のバイアス布3cm幅×65cmを含む)
　はぎれ数種…各適宜(アップリケ用)
キルト綿…50×90cm
厚手接着しん…20×20cm(表底)
中厚接着しん…30×60cm(本体下部、裏底、持ち手)
両面接着キルト綿…30×60cm(本体下部、表底)
両面接着シート…20×20cm(裏底)
太幅のファスナー(スライダーのはずせるタイプ)…長さ28cm　1本
ボタン…直径2.8cm　2個
25番刺しゅう糸　グレー…少々

裁ち方
アップリケ布は0.3cm、持ち手とタブは0.7cm、その他はすべて1cmずつの縫い代をつけて裁つ。各接着しんは裁ち切りにする。

作り方
図1～7を参照して作る。底のつけ方は作品1(p.87)を参照。

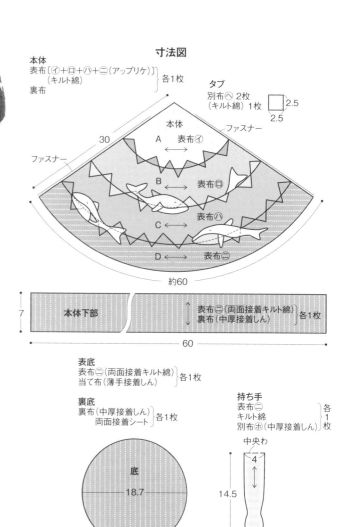

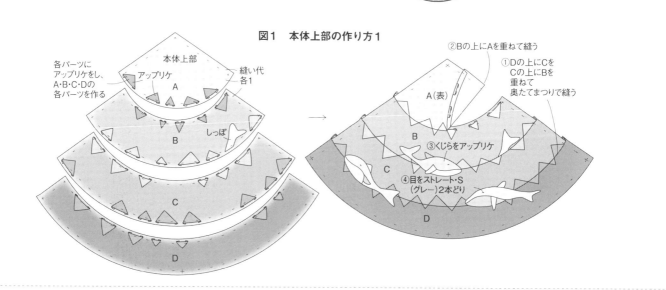

図1　本体上部の作り方1

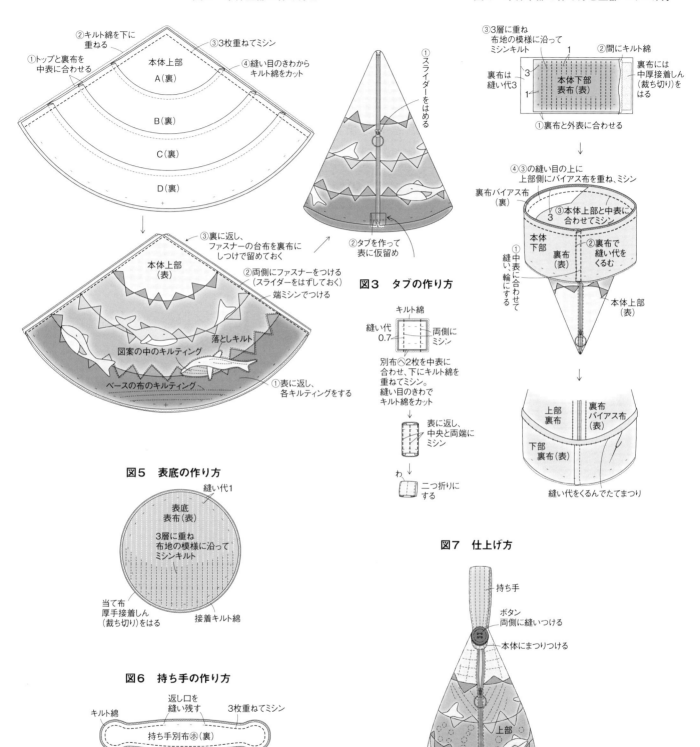

style 18 ニューススタンド　>>> p.46

- 外ポケットの実物大型紙（パッチワーク型紙）は型紙D面に掲載。
- 出来上がり寸法　幅22cm、深さ13cm、まち幅6cm

材料
木綿地
　表布（格子の織り柄）…30×70cm（本体、裏外ポケット）
　別布㋑（格子の織り柄）…20×20cm（外ポケット口のバイアス布
　　3.5cm幅×60cm）
　別布㋺（格子の織り柄）…10×25cm（表底）
　別布㋩（水玉の織り柄）…35×30cm（内ポケット）
　別布㋥（縞の織り柄）…5×60cm（入れ口のテープ）
　裏布（織り柄）…35×40cm（本体）
　はぎれ3種…各適宜（外ポケットのパッチワーク）
キルト綿…40×40cm（外ポケット）

裁ち方
外ポケットの裏用表布、キルト綿は3cm、その他の各パーツ、パッチワークの各ピースはそれぞれ0.7cmずつの縫い代で裁つ。

作り方
1 パッチワークをして外ポケットのトップを2枚作り、表底をつける（ミシンは印から印まで）。ポケット裏用の表布とキルト綿を重ねてポケット部分にのみキルティングをする（図1）。
2 1のポケット口をパイピングで始末し、表布の本体（前、後ろ、底を続けて裁つ）に重ね、仕切り用のミシンを前、後ろに1か所ずつかける。1で残しておいた底部分にミシンキルトをして、表布と合体させる（図2）。
3 2を中表に折ってわきとまち部分を縫う（図3）。
4 内ポケットを2枚作る（図4）。
5 本体の裏布に4を重ね、ポケット底と仕切り線にミシンをかける（図5）。
6 持ち手を兼ねたテープを作る（図6）。
7 図を参照して仕上げる（図7）。

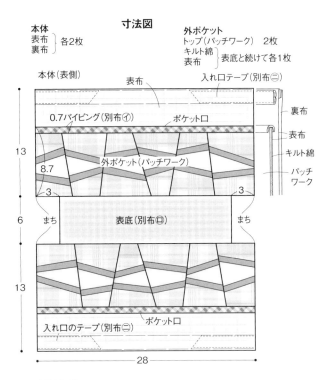

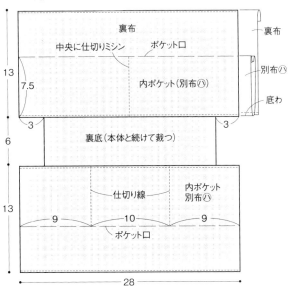

図1　外ポケットと底の縫い方

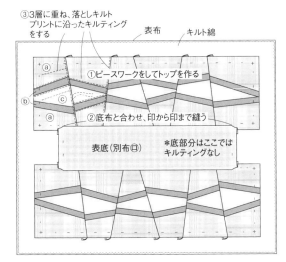

図2　外ポケットのつけ方

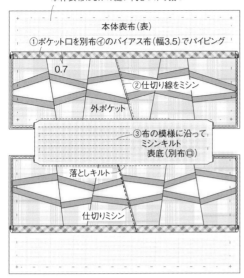

図5　内ポケットのつけ方

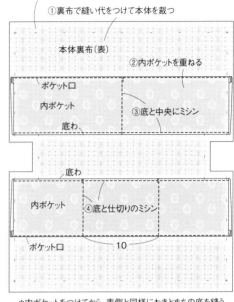

*内ポケットをつけてから、表側と同様にわきとまちの底を縫う

図3　本体のわきと底の縫い方

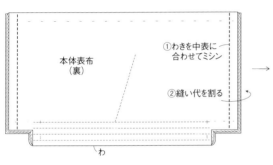

図6　テープの作り方

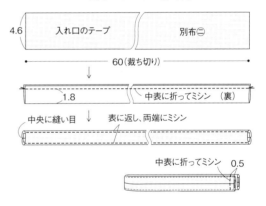

図4　内ポケットの縫い方

図7　仕上げ方

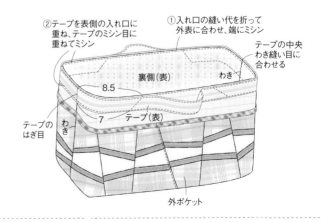

style 21 オレンジと太陽 >>> p.50

● 出来上がり寸法
　幅40cm、深さ24cm、底直径18cm

材料
木綿地
　表布(生成り系)…各適宜(ピースA)
　表布(はぎれ数種)…各適宜(ピースB)
　別布㋐(織り柄)…25×25cm(表底)
　別布㋑(格子の織り柄)…90×20cm(見返し)
　裏布(格子の織り柄)…110×30cm(本体裏、裏底)
　当て布(適宜な布)…30×30cm(表底)
キルト綿…90×50cm
厚手接着しん…40×20cm(表底、裏底)
両面接着シート…20×20cm(裏底)
皮革製リングハンドル　内径13cm…1組(持ち手)

裁ち方
パッチワーク用ピースは0.7cm、見返し・底の表布と裏布は1cm、当て布・裏布・キルト綿は3cmずつの縫い代をつけて裁つ。厚手接着しん・両面接着シートは裁ち切りとする。

作り方
1 ピースA・Bをピースワークして本体表布を2枚作る(図1)。それぞれキルト綿、裏布を重ねてキルティングをする(寸法図を参照)。
2 本体を中表に合わせ、両わきを縫い止まり位置まで縫い、1cm上に切り込みを入れ、縫い代は片側の裏布でくるんで始末する(図2)。
3 表底を作って、本体と縫い合わせる(図3)。縫い合わせてから、底回りをはかり、表底の型紙を修正して裏底の型紙を作る。
4 裏底を作って、表底の裏側にまつりつける。半分ぐらいまでまつったら両面接着シートを入れて残りをまつり、アイロンで接着させる(図4)。
5 本体の寸法に合わせて見返しを作り、本体と中表に合わせて口側を印から印まで縫う(図5)。
6 見返しを裏側に返し、持ち手を通して周囲をまつる(図6)。

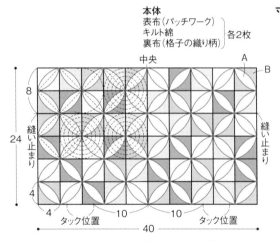

寸法図

*タックの寸法は出来上がり寸法と合わせて調整する

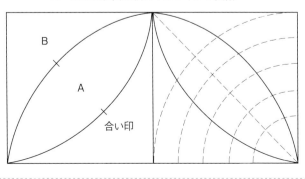

ピースの実物大型紙とキルティング図案

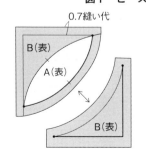

図1　ピースのつなぎ方

ピースに合い印をつけて印から印まで縫う　120枚作る
*●は縫い止まり

図2 本体の作り方を縫い方の始末

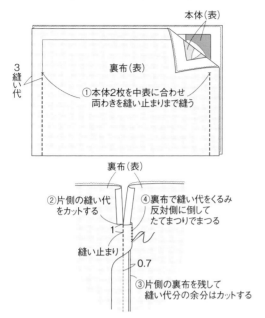

図3 表底の作り方とつけ方

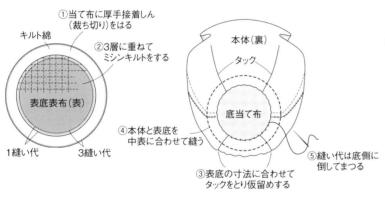

図4 裏底の作り方とつけ方

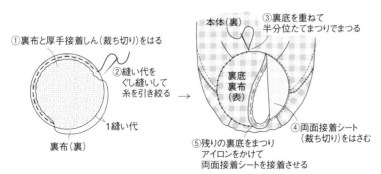

図5 見返しの作り方とつけ方

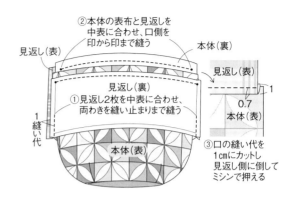

図6 持ち手のつけ方

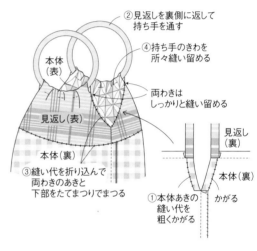

出来上がり

style 22 糸巻きの謎 … p.52

- 実物大型紙(パッチワーク型紙)は型紙D面に掲載。
- 出来上がり寸法
  幅18cm、深さ24cm、まち幅12cm

材料
木綿地
　表布(パッチワーク風プリント)…30×50cm(本体B・C)
　別布㋑(格子の織り柄)…20×55cm(底)
　別布㋺(格子の織り柄)…20×20cm(入れ口のパイピング用バイアス布3.5cm幅×80cm)
　裏布(プリント)…50×75cm(本体、底、縫い代始末用バイアス布2.5cm幅×30cm)
はぎれ数種…各適宜(本体Aのパッチワーク)
キルト綿…50×70cm
厚手接着しん…12×18cm(底)
皮革…4cm幅 32cm(持ち手)

裁ち方
パッチワークの各ピースは0.7cm、各裏布とキルト綿は3cmずつ、その他は1cmずつの縫い代をつけて裁つ。底の厚手接着しんは裁ち切りにする。

寸法図

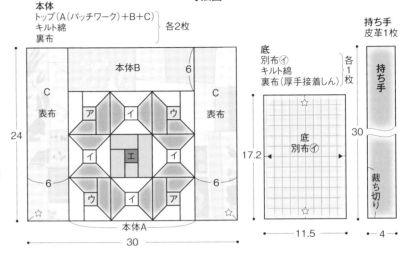

作り方

1 パッチワークをして本体A部分を作り、B、C部分とつないで本体全体のトップを作る。キルト綿と裏布を重ねてキルティングをする(図1)。
2 1の入れ口にパイピングをする。バイアス布は裏布の端から端まで分を用意し、印から印までを縫う(図2)。
3 底布を作り、本体と縫い合わせる。縫い代は底側へ倒し、本体の裏布でくるむ(図3)。
4 3を中表に合わせ、わきと底まち部分を縫う。わきの縫い代は本体の一方の裏布でくるみ、どちらにも倒さずにわき縫いのきわにまつる。底の縫い代はバイアス布でくるむ(図4)。
5 持ち手をつけて仕上げる(図5)。

図1　本体の作り方

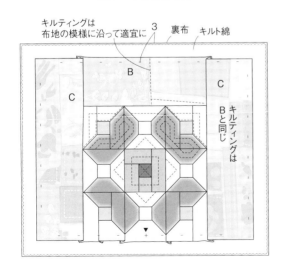

図2　入れ口のパイピング

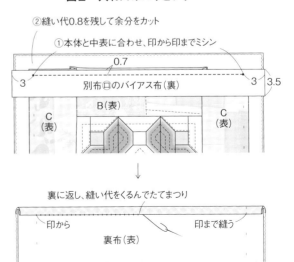

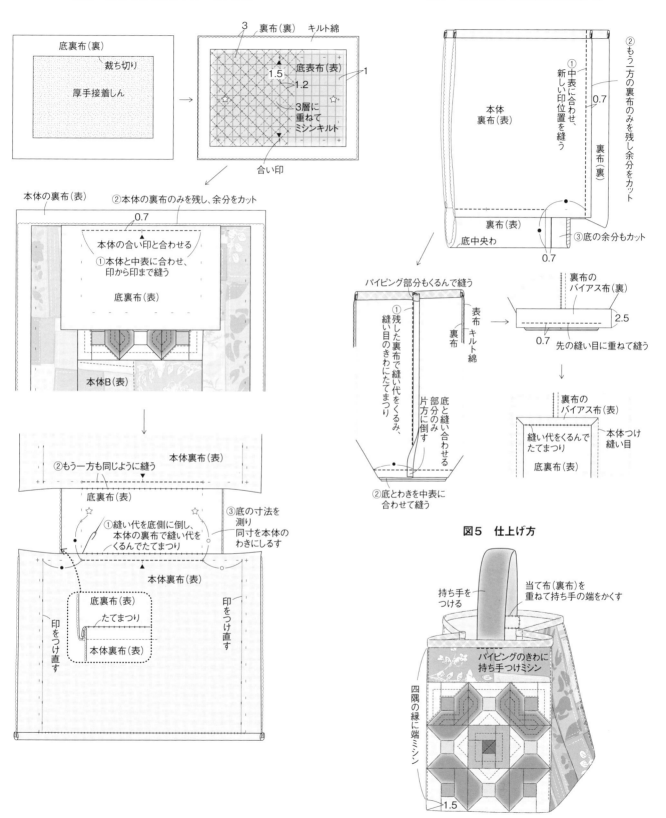

style 23 気まぐれな花園 … p.54

- 実物大型紙は型紙C面に掲載。
- 出来上がり寸法
  口幅27cm、深さ31.5cm、まち底幅6cm

材料

木綿地
  表布(織り柄)…30×35cm(前本体表)
  別布④(織り柄)…110cm幅　35cm(後ろ本体表、持ち手・表まち、裏持ち手)
  別布⑪(織り柄)…110cm幅　70cm(裏布・縫い代をくるむバイアス布)
  別布⑻(織り柄)…2.5cm幅バイアス　85cm(パイピングコード)
  はぎれ数種…各適宜(アップリケ布)
キルト綿…90×65cm
中厚接着しん…70×45cm(後ろ本体、持ち手・まち)
薄手接着しん…5×50cm(裏持ち手)
ワックスコード…太さ0.3cm　85cm

裁ち方

後ろ本体、持ち手、まちの中厚接着しん、持ち手裏布の薄手接着しん、パイピングコードは裁ち切り、アップリケ布は0.3〜0.4cm、前本体・後ろ本体、持ち手・まちの表布は0.7cm、そのほかは3cmの縫い代をつけて裁つ。

作り方

1. 実物大型紙と寸法図を参照して各パーツを裁つ。
2. 前本体表布にアップリケ図案を写し、アップリケする。キルト綿・裏布と3層に重ねてしつけをかけ、キルティングをする(寸法図参照)。周り以外のしつけをはずす。
3. 後ろ本体表布にキルティング図案を描く(寸法図参照)。裏布の裏に中厚接着しんをはり、3層に重ねてしつけをかける。ミシンキルトをし、周り以外のしつけをはずす。
4. パイピングコードを作り(図1)、前本体表布側に仮留めする(図2)。
5. 別布⑪を2.5cm幅のバイアスで、長さ28cmに2本用意する。前本体・後ろ本体の口側縫い代をバイアス布でくるんで始末をする(図3)。
6. 持ち手・まちは表布・裏布ともそれぞれまちの持ち手中央で縫い合わせて1枚布にする(図4)。裏布の裏に中厚接着しんをはり、3層に重ねてしつけをかけ、ミシンキルトをする。周り以外のしつけをはずす(図5)。
7. 6の持ち手・まちを底で輪に縫い合わせる。裏布1枚を残して縫い代を0.7cmにカットし、残した裏布で縫い代をくるんで倒し、キルト綿まですくってたてまつりでまつる(図6)。
8. 5の本体と7のまちは合い印を縫い合わせてしつけをかける。ミシンで縫い合わせ、縫い代はバイアス布(別布⑪を2.5cm幅バイアスに裁つ)でくるむで始末をする(図7)。
9. 持ち手裏布の裏に薄手接着しんをはり、出来上がりの形に折る。持ち手の裏に当てて、周りをまつる(図7)。出来上がり。

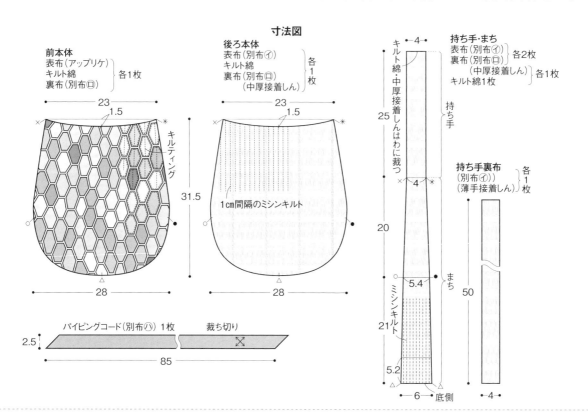

寸法図

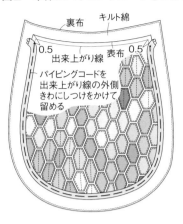

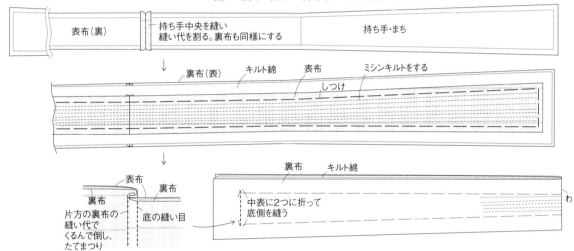
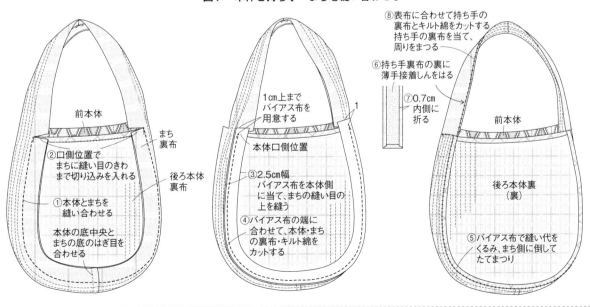

style 25 思い出のジグソーパズル　>>> *p.58*

- 実物大型紙は型紙C面に掲載。
- 出来上がり寸法
  幅25cm、深さ26.7cm、まち底幅9cm

材料
木綿地
　織り柄㋑…適宜(ピース)
　織り柄㋺…110cm幅　30cm(持ち手、パイピングコード、本体・
　まちの口側パイピング)
　織り柄㋩…30×15cm(表底まち)
　プリント㊁…適宜(ピース)
　プリント㋭…適宜(ピース)
　プリント㋬…110cm幅　35cm(本体、裏まち)
キルト綿…110cm幅　35cm
厚手接着しん…25×10cm(底まち)
シャキットしん…5×50cm(持ち手)
パイピングコード…太さ0.3cm　115cm

裁ち方
パッチワーク用ピースは0.7cm、本体、まちのキルト綿、裏布は3cmの縫い代をつけて裁つ。パイピングコード、本体、まちの口側パイピング布、持ち手、持ち手しん、底まちの厚手接着しんは裁ち切りにする。

作り方
1. 寸法図と実物大型紙を参照して各パーツを裁つ。
2. ピースワークをして本体表布を作り、印つけペンでキルティング図案を描く。同じパーツを2枚作る(寸法図参照)。
3. 裏布・キルト綿・表布を3層に重ねてしつけをかけ、キルティングをする。周り以外のしつけをはずす。もう1枚も同様に仕上げる。前・後ろ本体になる。
4. わきまちの表布もピースワークして作り(寸法図参照)、3層に重ねてキルティングをする。もう1枚同じまち作る。
5. 底まちの裏布の裏に厚手接着しんをはる。裏布・キルト綿・表布の3層に重ねてしつけをかけ、ミシンキルトをする(寸法図参照)。
6. 5のわきまちと6の底まちを縫い合わせる。縫い合わせた部分のわきまちの裏布を残して、キルト綿と底まちの裏布は表布に合わせてカットする。残した裏布で縫い代をくるんで始末する(図1)。
7. パイピングコードを作り(図2)、わきまちに仮留めする(図3)。
8. 3の本体と7のまちを中表に合わせ、①〜⑤の順序で縫い合わせる(図4)。まちの裏布1枚を残してまちのキルト綿、本体の裏布とキルト綿は表布に合わせてカットする。残したまちの裏布で縫い代をくるんでまち側に倒し、キルト綿まですくってたてまつりでまつる(図4-⑥)。
9. 持ち手を作る(図5)。
10. 本体の口側をパイピング布でくるんでパイピング始末をする。まちと本体の口側で持ち手をはさんでミシンで縫い留める(図6)。

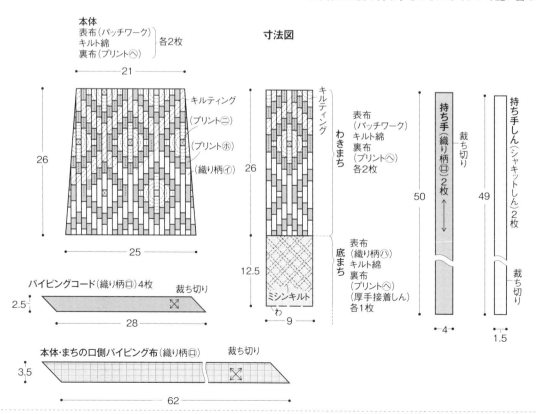

寸法図

図1　わきまちと底まちを縫い合わせ、縫い代の始末をする

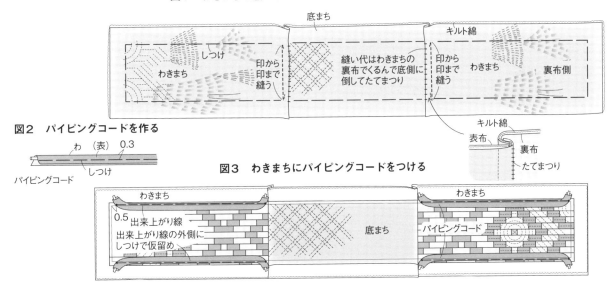

図2　パイピングコードを作る

図3　わきまちにパイピングコードをつける

図4　本体とまち・底を縫い合わせる

図5　持ち手を作る

図6　本体に持ち手をつけて仕上げる

style 26 スクエア ダンス ... p.60

- 実物大型紙は型紙A面に掲載。
- 出来上がり寸法
  口幅30cm、中央の深さ36.7cm、底幅34×13cm

材料
木綿地
　表布(織り柄)…45×45cm(本体B)
　別布㋑(織り柄)…55×55cm(表底・持ち手A・パイピング)
　別布㋺(織り柄)…110cm幅 70cm(裏布・内ポケット、持ち手当て布)
　はぎれ数種…各適宜(本体Aのピース)
　無地…16×38cm(当て布)
キルト綿…100×65cm
リネン混テープ　薄茶色…3.8cm幅　60cm(持ち手B)
薄手接着しん…30×10cm(持ち手)
厚手接着しん…35×30cm(底)
両面接着シート…35×15cm

裁ち方
薄手・厚手接着しん、パイピング布、持ち手A・Bは裁ち切り、キルト綿、裏布は3cm、本体Aは50×30cmに粗裁ち、そのほかは0.7cmの縫い代をつけて裁つ。

作り方
1 実物大型紙と寸法図を参照して各パーツを裁つ。
2 ピースワークをして正方形のブロックを16枚作る(ピースワークの仕方はp.82参照)。
3 2の正方形のブロックを8枚ずつ縫い合わせ、裏布・キルト綿と重ねてキルティングをする。表側に型紙を当て、輪郭を写す(図1)。表布は0.7cm、キルト綿と裏布は3cmの縫い代をつけてカットする。これを前後で1枚ずつ作る。本体Aになる。
4 内ポケットは表布と裏布を中表に合わせ、口側を縫う。表に返し、口側に端ミシンをかける。本体Aの裏布側に重ね、仮留めする(図2)。
5 本体Aの中央側を3.5cm幅バイアス布でくるんでパイピング仕上げにする(図3)。
6 本体Bも3層に重ねてキルティングをする。
7 本体Bの上に本体Aを重ね、パイピングのきわをミシンで縫う(図4)。裏布側は本体Bの裏布で縫い代をくるんで始末する(図5)。もう1枚同じパーツを作る
8 2枚の本体を中表に合わせ、わきを縫う。本体Bの縫い代を残してそのほかの縫い代は表布に合わせてカットする。残した裏布で縫い代をくるみ、本体A側に倒してまつる。
9 表底を作る。当て布の裏に厚手接着しんをはり、キルト綿・別布㋑の3層に重ねてしつけをかけ、ミシンキルトをする。8の本体と中表に合わせてぐるりと縫う(図6)。
10 裏底は裏に厚手接着しんをはり、周りをぐし縫いして糸を引き、縫い代を内側に倒す。この上に両面接着シートを当て、周りをまつる。9の表底に外表に重ね、両面接着シートを入れて周りをまつる(図6)。
11 本体を表に返し、口側を3.5cm幅バイアス布でくるんでパイピング仕上げにする。持ち手を作り(図7)、本体の口側に持ち手を当て、図8を参照して縫い留める。出来上がり。

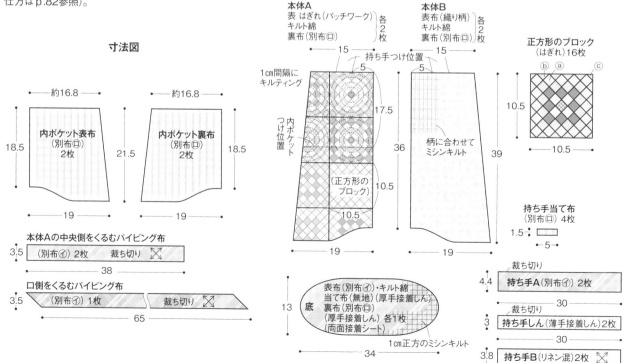

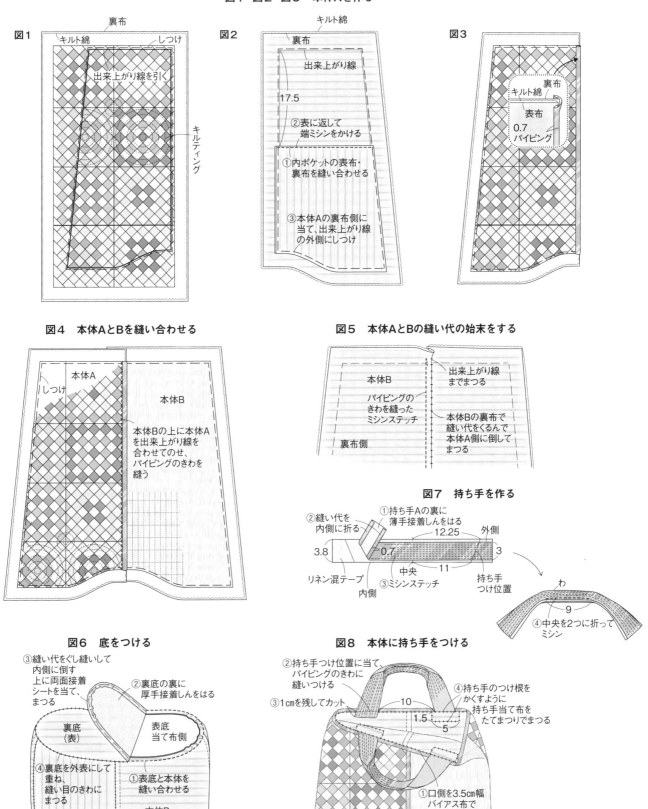

style 20 子犬のラプソディー　p.48

- 実物大型紙・アップリケの図案は型紙D面に掲載。
- 出来上がり寸法　幅約18cm、深さ約10.5cm、まち約4.2cm

材料

木綿地
- 本体表布(はぎれ数種)…各適宜(本体ピース、アップリケ)
- 別布㋑(格子の織り柄)…20×20cm(表まちA)
- 別布㋺(水玉のプリント)…15×10cm(表まちB)
- 別布㋩(格子の織り柄)…20×20cm(表まちC)
- 別布㋥(格子の織り柄)…10×10cm(表まちD)
- 別布㋭(縦じまの織り柄)…15×15cm(表ハンドルa・b、裏ハンドルb)
- 別布㋬(縦じまの織り柄)…10×10cm(表ハンドルb)
- 裏布(格子の織り柄)…60×50cm(本体、まちA・B・C・D、裏ハンドルa、縫い代をくるむバイアス布)

キルト綿…55×50cm
中厚接着しん…20×5cm(まちA)
薄手接着しん…20×15cm(まちB・C・D、ハンドルa・b)
太幅ファスナー…長さ16cm　1本
25番刺しゅう糸　黒、グレー、グリーン、紺…各適宜

裁ち方

アップリケ布は0.3cm、パッチワーク用ピースとハンドルa、bの表布・裏布とキルト綿は0.7cm、表まちA・B・C・Dは1cm、本体・まちの裏布とキルト綿は3cmの縫い代をつけて裁つ。中厚接着しん・薄手接着しんは裁ち切りにする。

作り方

1. ピースワークとアップリケ・刺しゅうをして前本体・後ろ本体の表布を作り、キルト綿、裏布を重ねてキルティングをする(寸法図を参照)。
2. まちCの表布と薄手接着しんをはった裏布を中表に合わせ、キルト綿を重ねて間にファスナーをはさんで口側を縫う。まちCを作る(図1)。
3. ハンドルa・bを作る(図2)。
4. まちA・B・Dを作り、まちBにハンドルaまちDにハンドルbを仮留めする(図3)。
5. まちA・B・C・Dを中表に輪に縫う。縫い代は0.7cmにカットし、2.5cm幅のバイアス布でくるんで始末する(図4)。
6. 前本体・後ろ本体と4を中表に合わせて縫う。縫い代は0.7cmにカットし、2.5cm幅のバイアス布でくるんで本体側にまつる(図5)。

寸法図

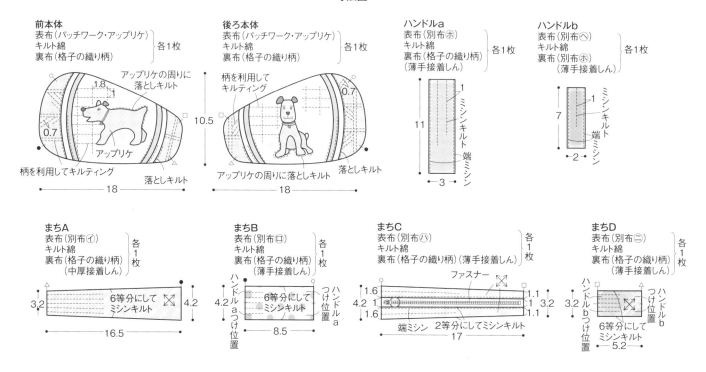

図1　まちCの作り方

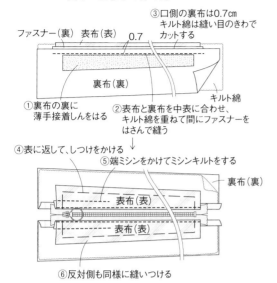

図2　ハンドルa・bの作り方

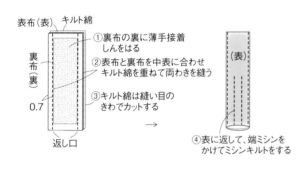

図3　まちA・B・Dの作り方

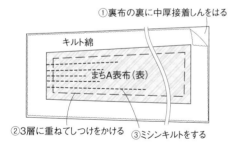

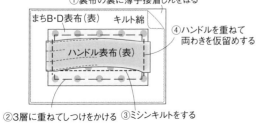

図4　まちA～Dのまとめ方

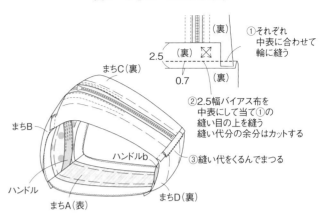

図5　本体とまちの仕立て方

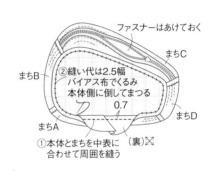

出来上がり

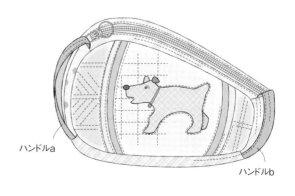

斉藤謠子
さいとう・ようこ

パッチワーク・キルト作家、布作家。洋裁、和裁を学んだ後、アメリカのアンティークキルトに興味を持ちパッチワークを始める。雑誌などで多数作品を発表するほか、スクールや通信講座で講師を務め、海外でも作品展や講習会を行うなど人気が高い。『斉藤謠子の愛しいキルト』『斉藤謠子の毎日着る服、毎日持つバッグ』(ともにNHK出版)など著書多数。

斉藤謠子キルトスクール＆ショップ　キルトパーティ（株）
〒272-0034　千葉県市川市市川1-23-2 アクティブ市川2F
TEL047-324-3277　FAX047-325-2788
http://www.quilt.co.jp/

作品製作スタッフ　山田数子、吉田睦美、折見織江、中嶋恵子

ブックデザイン　竹盛若菜
翻訳　山谷悦子
作り方解説　奥田千香美、唐澤紀子、櫻岡知栄子
編集協力　戸塚くみ
トレース　tinyeggs studio（大森裕美子）
型紙トレース　株式会社ウエイド
撮影　青山紀子（p.31、35、56〜57）
校正　山内寛子
編集　奥村真紀（NHK出版）

斉藤謠子の いま持ちたい キルトバッグ

2016(平成28)年1月25日　第1刷発行
2016(平成28)年5月20日　第3刷発行

著者　斉藤謠子
　　　©2016　Yoko Saito
発行者　小泉公二
発行所　NHK出版
　　　〒150-8081　東京都渋谷区宇田川町41-1
　　　TEL 0570-002-140（編集）
　　　TEL 0570-000-321（注文）
　　　ホームページ　http://www.nhk-book.co.jp
　　　振替　00110-1-49701
印刷・製本　凸版印刷株式会社

乱丁・落丁本はお取り替えいたします。
定価はカバーに表示してあります。
本書の無断複写(コピー)は、著作権法上の例外を除き、著作権侵害となります。
Printed in Japan
ISBN978-4-14-031203-2

原書・台湾版スタッフ
監　　修／周秀惠
編 集 長／蔡麗玲
編集管理／蔡毓玲・黃璟安
編　　集／劉蕙寧・陳姿伶・白宜平・李佳穎
美術管理／陳麗娜
美術編集／周盈汝・翟秀美・韓欣恬
撮　　影／數位美學　賴光煜
モ デ ル／沈薇庭

斉藤謠子のElegant Bag Style 25
職人特選的實用拼布包
Copyright © 2015 by Yoko Saito/
Elegant books Cultural Enterprise Co., Ltd.
All rights reserved.
Japanese edition published by arrangement
with Elegant Books Cultural Enterprise Co., Ltd.
c/o Keio Cultural Enterprise Co., Ltd.,
New Taipei City through Tuttle-Mori Agency, Inc., Tokyo.